Lecture Notes in Mathematics

Edited by A. Dold and B. Eckmann

432

Rolf Peter Pflug

Holomorphiegebiete, pseudokonvexe Gebiete und das Levi-Problem

Springer-Verlag
Berlin · Heidelberg · New York 1975

Dr. Rolf Peter Pflug
Universität Trier-Kaiserslautern
675 Kaiserslautern
Postfach 3049
BRD

Library of Congress Cataloging in Publication Data

Pflug, Rolf Peter, 1943-
Holomorphiegebiete, pseudokonvexe Gebiete und das Levi-Problem.

(Lecture notes in mathematics ; v. 432)
Bibliography: p.
Includes index.
1. Functions of several complex variables. 2. Linear operators. I. Title. II. Series: Lecture notes in mathematics (Berlin) ; v. 432.
QA3.L28 no. 432 [QA331] 510'.8s [515'.94] 74-32498

AMS Subject Classifications (1970): 32-01, 32A07, 32D05, 32E05, 32F05, 32F15, 35D10, 35G15, 35N15, 46C05, 46F10, 47A05

ISBN 3-540-07027-3 Springer-Verlag Berlin · Heidelberg · New York
ISBN 0-387-07027-3 Springer-Verlag New York · Heidelberg · Berlin

Offsetdruck: Julius Beltz, Hemsbach/Bergstr.

Inhaltsverzeichnis

Vorwort

Die hier vorliegende Ausarbeitung basiert auf einer im Wintersemester 1973/74 gehaltenen zweistündigen Vorlesung an der Universität Kaiserslautern; dieser Kurs setzte eine von Herrn Prof. Dr. W. Thimm gehaltene einführende Vorlesung über komplexe Analysis mehrerer Veränderlichen fort.

Vorausgesetzt wird, um die Ausarbeitung verstehen zu können, die Kenntnis der elementaren Tatsachen der Funktionentheorie mehrerer Veränderlichen, wie sie in [VI] zu finden sind; z.B. Potenzreihen, Cauchy-Integral, Identitätssatz, Maximumprinzip usw. Aufbauend auf dieser Grundlage werden zwei Themenkreise, nämlich "Holomorphiegebiete" und "pseudokonvexe Gebiete" extensiv behandelt. Im dritten Kapitel wird die Synthese zu den genannten Themen besprochen; es wird eine Lösungsmöglichkeit des Levi-Problems dargestellt.

Zum Aufbau dieser Ausarbeitung ist folgendes zu bemerken:
1) die im Anschluß an dieses Vorwort aufgeführte Zeichenlegende soll einige, nicht notwendig übliche, Fixnotationen erklären, die, ohne eigens im Text definiert zu werden, ständig benutzt werden. 2) Nach jedem Kapitel wird ein kurzer Literaturüberblick gegeben, der sicher unvollständig bleiben muß. Ergänzende Literaturhinweise entnehme man den im ausführlichen Literaturverzeichnis angegebenen Lehrbüchern.

Es sei herzlich gedankt den Herren Prof. Dr. W. Thimm und Prof. Dr. G. Trautmann, die diese Ausarbeitung meiner Vorlesung anregten, Herrn W. Eschmann für sein sorgfältiges Korrekturlesen sowie Frau W. Choyeau für die Bereitstellung des getippten Manuskriptes.

Symbol-Verzeichnis

$\mathbb{N}$:= Menge der natürlichen Zahlen.

$\mathbb{N}_o := \mathbb{N} \cup \{0\}$.

$\mathbb{R}$:= Körper der reellen Zahlen.

$\mathbb{R}_+ = \mathbb{R}_{\geq o} := \{r \in \mathbb{R} : r \geq 0\}$.

$\mathbb{R}_{>o} := \{r \in \mathbb{R} : r > 0\}$.

$\mathbb{R}^n$:= der reell-n-dimensionale reelle Zahlenraum mit der Standardtopologie.

$\mathbb{C}$:= Körper der komplexen Zahlen.

$\mathbb{C}^n$:= der komplex-n-dimensionale komplexe Zahlenraum mit der Standardtopologie.

$z = (z_1,\ldots,z_n) = (\tilde{z},z_n)$ bezeichne i.A. Punkte des $\mathbb{C}^n$.

$|z| := \sqrt{\sum_{\nu=1}^{n} |z_\nu|^2}$ für Punkte $z = (z_1,\ldots,z_n) \in \mathbb{C}^n$ mit der üblichen Norm $|z_\nu|^2 = \mathrm{Re}(z_\nu)^2 + \mathrm{Im}(z_\nu)^2$ der klassischen Funktionentheorie.

$U(z^o,r) = U_n(z^o,r) := \{z \in \mathbb{C}^n : |z - z^o| < r\}$, falls $z^o \in \mathbb{C}^n$ und $r \in \mathbb{R}_{>o}$.

$\overline{U(z^o,r)}$:= topologische Abschluß von $U(z^o,r)$.

$\Delta(z^o,r) = \Delta_n(z^o,r) := \{z \in \mathbb{C}^n \; |z_i - z_i^o| < r_i\}$, falls $z^o \in \mathbb{C}^n$ und $r = (r_1,\ldots,r_n) \in (\mathbb{R}_{>o})^n$ oder

$:= \{z \in \mathbb{C}^n : |z_i - z_i^o| < r\}$, falls $z^o \in \mathbb{C}^n$ und $r \in \mathbb{R}_{>o}$.

$E := U_1(0,1) = \{z \in \mathbb{C}^1 : |z| < 1\}$.

$ZK(G;z^o)$:= die Zusammenhangskomponente der offenen Menge $G \subset \mathbb{C}^n$, die den Punkt $z^o \in G$ enthält.

$\text{dist}(A,B) := \inf_{\substack{z \in A \\ w \in B}} |z - w|$, falls A und B Teilmengen des $\mathbb{C}^n$ sind.

$\overline{x^o x^1} := \{x^o + t(x^1 - x^o) \in \mathbb{R}^n : 0 \leq t \leq 1\}$, falls $x^o, x^1 \in \mathbb{R}^n$

$I := [0,1] = \{t \in \mathbb{R} : 0 \leq t \leq 1\}$, falls nicht ausdrücklich anderes gesagt ist.

$A \subset\subset B$ heißt wie üblich: $\overline{A} \subset B$ und $\overline{A}$ kompakt.

$H_G := \{f : G \longrightarrow \mathbb{C} : f \text{ holomorph}\}$, falls $G \subset \mathbb{C}^n$ ein Gebiet ist.

$\dfrac{\partial^{\alpha_1+\ldots+\alpha_n}}{\partial x_1^{\alpha_1}\ldots x_n^{\alpha_n}} = D^\alpha$:= gewöhliche Differentiation im $\mathbb{R}^n$.

$\dfrac{\partial^{\alpha_1+\ldots+\alpha_n+\alpha_{n+1}+\ldots+\alpha_{2n}}}{\partial z_1^{\alpha_1}\ldots\partial z_n^{\alpha_n}\partial \overline{z}_1^{\alpha_{n+1}}\ldots\partial \overline{z}_n^{\alpha_{n+n}}}$:= Wirtinger-Differentiation im $\mathbb{C}^n$.

$C^k(B) := C^k(B;R) := \{f : B \longrightarrow \mathbb{R} : f$ k-mal stetig differenzierbar$\}$, falls $B \subset \mathbb{C}^n$ eine offene Teilmenge ist.

$C^k(B,\mathbb{C}) := \{f : B \longrightarrow \mathbb{C} : f$ k-mal stetig differenzierbar$\}$, falls $B \subset \mathbb{C}^n$ eine offene Teilmenge ist.

$C_o^k(B) := \{f \in C^k(B) :$ Träger $(f) \subset\subset B\}$.

$C_o^k(B;\mathbb{C}) := \{f \in C^k(B;\mathbb{C}) :$ Träger $(f) \subset\subset B\}$.

$||f||_K := \sup_{z \in K} |f(z)|$, falls $f : U \longrightarrow \mathbb{C}$ eine stetige Funktion über der offenen Menge $U \subset \mathbb{C}^n$, die das Kompaktum K enthält, bezeichnet.

$|||g|||_K := \sup_{z \in K} g(z)$, falls $g : U \longrightarrow \mathbb{R}$ eine lokal nach oben beschränkte Funktion über der offenen Menge $U \subset \mathbb{C}^n$ ist, wobei das Kompaktum K in U liegt.

Kapitel I Holomorphiegebiete

§ 1 Reinhardtsche Gebiete

I 1.0: Einleitung

Ein klassisches Resultat der Funktionentheorie besagt, daß jedes Gebiet G der komplexen Ebene ein Holomorphiegebiet ist, d.h. es gibt kein Gebiet $G' \supsetneqq G$, so daß jede auf G holomorphe Funktion Restriktion einer auf G' holomorphen Funktion ist. Hier soll nun an eine Gebietsklasse im $\mathbb{C}^n$ $(n \geq 2)$ erinnert werden, für die diese Aussage nicht mehr gilt.

I 1.1: Konvergente Potenzreihen

Es soll kurz wiederholt werden:

Definition 1:

Sei $\sum_{|\alpha| \geq 0} a_\alpha z^\alpha$ eine gegebene Potenzreihe im $\mathbb{C}^n$.

a) Man sagt, daß "diese Potenzreihe im Punkte $z^0 \in \mathbb{C}^n$ gegen eine komplexe Zahl $a \in \mathbb{C}$ konvergiert", falls es zu jeder positiven Zahl ε eine endliche Indexmenge $N(\varepsilon) \subset \mathbb{N}_0^n$ gibt, so daß für jede endliche Indexmenge $N \supset N(\varepsilon)$ gilt:

$$\left| \sum_{\alpha \in N} a_\alpha (z^0)^\alpha - a \right| < \varepsilon .$$

b) Unter dem "Konvergenzbereich dieser Potenzreihe" versteht man den offenen Kern der Punktmenge, in deren Punkten die Potenzreihe konvergiert.

c) Die Potenzreihe heißt <u>"konvergent"</u>, falls ihr Konvergenzbereich nicht leer ist.

Das Studium der Konvergenzbereiche führt automatisch zum Begriff des Reinhardtschen Gebietes, der als nächstes behandelt wird.

I 1.2: Reinhardtsche Gebiete

Mit folgender Abbildung $\pi : \mathbb{C}^n \longrightarrow \mathbb{R}^n_+ := \{x \in \mathbb{R}^n : x_i \geq 0\}$ - $z = (z_1,\ldots,z_n) \xrightarrow{\pi} (|z_1|,\ldots,|z_n|)$ - definiert man:

<u>Definition 2:</u>

Sei G ein Gebiet im $\mathbb{C}^n$.

1) G heißt <u>"Reinhardtsches Gebiet"</u>, falls $\pi^{-1}\pi(G) = G$ gilt.

2) Ist G ein Reinhardtsches Gebiet, so sagt man:

   a) G ist <u>"eigentlich"</u>, falls der Ursprung O in G liegt;

   b) G ist <u>"vollkommen"</u>, falls für jeden Punkt $z \in G$ gilt: $\{z' \in \mathbb{C}^n : |z'_i| \leq |z_i|\} \subset G$.

Reinhardtsche Gebiete haben folgende Eigenschaften:

a) Es sind solche Gebiete, die bei beliebigen Drehungen $z \longrightarrow (e^{i\theta_1} z_1,\ldots,e^{i\theta_n} z_n)$ invariant bleiben;

b) Sie sind bereits durch ihr π-Bild im "Absolutraum" $\mathbb{R}^n_+$ vollständig bestimmt.

Es gilt dann der folgende bekannte Satz, der ohne Beweis zitiert werden soll.

Satz 1:

Der Konvergenzbereich einer konvergenten Potenzreihe $\sum_{|\alpha|\geq 0} a_\alpha z^\alpha$ ist ein vollkommenes Reinhardtsches Gebiet; dort stellt die Potenzreihe dann eine holomorphe Funktion dar.

I 1.3: Logarithmisch-konvexe Reinhardtsche Gebiete

Um die Frage, ob jedes vollkommene Reinhardtsche Gebiet bereits Konvergenzbereich einer Potenzreihe ist, klären zu können, benötigt man den folgenden Begriff:

Definition 3:

Sei G ein vollkommenes Reinhardtsches Gebiet im $\mathbb{C}^n$. G heißt "logarithmisch-konvex", falls folgendes reelle Gebiet

$$\check{G} := \{x \in \mathbb{R}^n : x = (\log y_1,\ldots,\log y_n) \text{ und } y \in \pi(G) \cap \mathbb{R}^n_{>0}\}$$

geometrisch konvex ist, das heißt, mit zwei Punkten auch deren Verbindungsstrecke enthält.

Folgender Satz gibt ein notwendiges Kriterium für Konvergenzbereiche von Potenzreihen an. Es gilt:

Satz 2:

Ist das vollkommene Reinhardtsche Gebiet G Konvergenzbereich einer Potenzreihe, so ist G bereits logarithmisch konvex.

Auch hier soll auf den kanonischen Beweis verzichtet werden; bemerkt sei nur, daß auch die Umkehrung von Satz 2 richtig ist.

I 1.4: Holomorphe Funktionen auf Reinhardtschen Gebieten

Es ist klar, daß jedes eigentliche Reinhardtsche Gebiet $G \subset \mathbb{C}^n$ in einem kleinsten umfassenden vollkommenen Reinhardtschen Gebiet v(G), "der vollkommenen Hülle von G", liegt. v(G) hat folgende Darstellungen:

$$v(G) = \text{Innere von } \bigcap \{G' \subset \mathbb{C}^n : G \subset G' \hat{=} \text{ vollkommenes R.G.}\}$$
$$= \bigcup \{\Delta(0,x) : x \in \pi(G) \cap \mathbb{R}^n_{>0}\}$$

mit

$$\Delta(0,x) = \{z \in \mathbb{C}^n : |z_i| < x_i\}.$$

Es gilt der Fortsetzungssatz:

<u>Satz 3:</u>

Sei G ein eigentliches Reinhardtsches Gebiet im $\mathbb{C}^n$. Dann existiert zu jeder holomorphen Funktion $f : G \longrightarrow \mathbb{C}$ eine auf der vollkommenen Hülle v(G) von G holomorphe Funktion $F : v(G) \longrightarrow \mathbb{C}$ mit $F|_G \equiv f$.

Beweis.

Auf einen ausführlichen Beweis wird verzichtet; es sollen nur die einzelnen Beweisschritte skizziert werden.

a) Für jeden reellen Punkt $x \in \pi(G) \cap \mathbb{R}^n_{>0}$ betrachtet man die auf $\Delta(0,x)$ holomorphe Funktion:

$$f_x(z) := \left(\frac{1}{2\pi i}\right)^n \int_{T_x} \frac{f(\zeta)}{(\zeta_1-z_1)\dots(\zeta_n-z_n)}\, d(\zeta_1,\dots,\zeta_n),$$

wobei die Integration sich über den zum Polyzylinder $\Delta(0,x)$ gehörenden n-dimensionalen Torus $T_x := \{z \in \mathbb{C}^n : |z_i| = x_i\}$ erstreckt.

b) Man zeigt, daß die Potenzreihen dieser holomorphen Funktionen f_x über $\Delta(0,x)$ stets übereinstimmen; also erhält man eine Potenzreihe, die auf $v(G)$ konvergiert.

c) Die von dieser Potenzreihe dargestellte Funktion $F : v(G) \longrightarrow \mathbb{C}$ erfüllt dann die Behauptung des Satzes.

Mit diesem Satz und Satz 2 erhält man sofort

Korollar 3.1:

Jede in einem eigentlichen Reinhardtschen Gebiet $G \subset \mathbb{C}^n$ holomorphe Funktion ist bereits Restriktion einer auf der logarithmisch-konvexen Hülle von $v(G)$ holomorphen Funktion; dabei soll unter der logarithmisch-konvexen Hülle eines vollkommenen Reinhardtschen Gebietes das kleinste, G umfassende, logarithmisch konvexe Reinhardtsche Gebiet verstanden werden.

I 1.5: Zusammenfassung und Problemstellung

Man sieht also, daß für höhere Dimensionen ($n \geq 2$) Gebietepaare (G,G') mit $G \subsetneq G'$ existieren, so daß jede auf G holomorphe Funktion (*) Restriktion einer auf G' holomorphen Funktion ist.

Das Problem, mit dem sich im folgenden beschäftigt werden soll, besteht nun darin, die Gebiete $G \subset \mathbb{C}^n$ zu charakterisieren, die nicht als erste Komponente solch eines Paares (G,G') mit $(*)$ auftreten können.

§ 2 Holomorphiegebiete

I 2.0: Einleitung

Wir hatten in dem einleitenden Paragraphen gesehen, daß in der Funktionentheorie mehrerer Veränderlichen als neues Phänomen die simultane holomorphe Erweiterung auftritt, d.h. es gibt Gebietepaare (G,G') im $\mathbb{C}^n$ $(n \geq 2)$ mit $G \subsetneq G'$, so daß jede auf G holomorphe Funktion bereits Restriktion einer auf G' holomorphen Funktion ist. Das Ziel dieses Paragraphen ist es, die Gebiete des $\mathbb{C}^n$ zu beschreiben, auf denen es mindestens eine "nicht fortsetzbare" holomorphe Funktion gibt.

I 2.1: Existenzgebiete holomorpher Funktionen

Eine erste Charakterisierung der betreffenden Gebiete ist die folgende, die die in der Einleitung geforderte Eigenschaft einfach übernimmt.

Definition 1:

Sei $f : G \longrightarrow \mathbb{C}$ eine auf dem Gebiet $G \subset \mathbb{C}^n$ holomorphe Funktion.

a) G heißt "schwaches Existenzgebiet von f", falls für jede auf einem Gebiet $G' \supsetneq G$ holomorphe Funktion $F : G' \longrightarrow \mathbb{C}$ gilt: $F|_G \not\equiv f$.

b) G heißt "Existenzgebiet von f", falls für jedes Paar offener Mengen (U_1,U_2) im $\mathbb{C}^n$ mit: $\emptyset \neq U_1 \subset U_2 \cap G \subsetneq U_2$, wobei U_2 zusammenhängend ist, und für jede auf U_2 holomorphe Funktion $F : U_2 \longrightarrow \mathbb{C}$ gilt: $F|_{U_1} \not\equiv f|_{U_1}$.

Es sollte bemerkt werden, daß der erste Teil der Definition eine naive Formulierung der Bedingung "es gibt eine nicht fortsetzbare holomorphe Funktion" ist, während der 2. Teil der Definition das bereits von der Logarithmusfunktion her bekannte Phänomen der Mehrdeutigkeit bei holomorpher Fortsetzung berücksichtigt.

Folgende Aussagen sollen die Definition kurz erleuchten:

a) Der Einheitskreis der komplexen Ebene ist schwaches Existenzgebiet der Funktion $f(z) = \sum_{n=1}^{\infty} z^{n!}$.

b) Das Gebiet $G := C^1 - \{z \in C^1 : \text{Re} z \leq 0, \text{Im} z = 0\}$ ist zwar schwaches Existenzgebiet der Funktion $z \longrightarrow \log z$, nicht aber Existenzgebiet dieser Funktion.

c) Ist das Gebiet $G \subset \mathbb{C}^n$ Existenzgebiet der holomorphen Funktion $f : G \longrightarrow \mathbb{C}$, so ist es auch schwaches Existenzgebiet dieser Funktion.

Wann fallen nun beide Definitionsaussagen zusammen? Um eine hinreichende Bedingung formulieren zu können, benötigt man den Begriff des lokalen Zusammenhanges.

Definition 2:

Ein Gebiet $G \subset \mathbb{C}^n$ heißt "lokal zusammenhängend", falls jede Umgebung jedes Randpunktes $z \in \partial G$ eine Umgebung U dieses Punktes enthält, so daß $U \cap G$ zusammenhängend ist.

Mit diesem Begriff, zu dem man sich leicht beliebig viele Beispiele konstruieren kann, lautet dann der gesuchte Satz:

Satz 1:

Ist $f : G \longrightarrow \mathbb{C}$ eine auf dem lokal zusammenhängenden Gebiet $G \subset \mathbb{C}^n$ holomorphe Funktion, so gilt: G ist Existenzgebiet von $f \Longleftrightarrow$ G ist schwaches Existenzgebiet von f.

Beweis:

Es braucht offenbar nur die Richtung "$\Longleftarrow$" gezeigt zu werden. Nimmt man also an, daß G nicht Existenzgebiet der Funktion f sei. Nach Definition 1 b) findet man dann ein Paar (U_1, U_2) offener Mengen im $\mathbb{C}^n$ und eine holomorphe Funktion $\hat{f} : U_2 \longrightarrow \mathbb{C}$ mit den entsprechenden Eigenschaften von Definition 1 b). Ist z^1 ein Punkt aus U_1 und ist z^0 ein Randpunkt des Gebietes $K := ZK(G \cap U_2; z^1)$, der zu $U_2 \cap \partial G$ gehört, so folgt aus dem lokalen Zusammenhang von G die Existenz einer offenen Umgebung $U = U(z^0) \subset U_2$ von z^0; für die der Bereich $U \cap G$ zusammenhängend ist. Wegen des Identitätssatzes für holomorphe Funktion gilt: $f|_K \equiv \hat{f}|_K$; also folgt wegen $\emptyset \neq U \cap K \subset G \cap U$ aus dem gleichen Grund auch: $f|_{G \cap U} \equiv \hat{f}|_{G \cap U}$. Ist $V = V(z^0) \subset U$ eine Kugel um z^0, so liefert

$$F(z) := \begin{cases} f(z), & \text{falls } z \in G \\ \hat{f}(z), & \phantom{\text{falls }} z \in V \end{cases}$$

eine auf dem Gebiet $G \cup V =: G' \supsetneqq G$ holomorphe Funktion mit $F|_G \equiv f$. Also kann G kein schwaches Existenzgebiet der Funktion f sein; der Satz ist bewiesen.

I 2.2: Holomorphiegebiete

In konkreten Beispielen dürfte es sehr schwierig sein, nachzuweisen, daß ein Gebiet Existenzgebiet einer holomorphen Funktion ist. Deshalb schwächt man den Begriff des Existenzgebietes wie folgt ab.

Definition 3:

Sei G ein Gebiet im $\mathbb{C}^n$.

a) G heißt "schwaches Holomorphiegebiet", falls es zu jedem Gebiet $G' \supsetneq G$ des $\mathbb{C}^n$ eine auf G holomorphe Funktion existiert, die sich nicht als Restriktion einer auf G' holomorphen Funktion darstellen läßt.

b) G heißt "Holomorphiegebiet", falls für jedes Paar (U_1,U_2) offener Mengen des $\mathbb{C}^n$ mit: $\emptyset \neq U_1 \subset U_2 \cap G \subsetneq U_2$, wobei U_2 zusammenhängend ist, eine auf G holomorphe Funktion $f : G \longrightarrow \mathbb{C}$ existiert, deren Einschränkung $f|_{U_1}$ auf U_1 nicht Restriktion einer auf U_2 holomorphen Funktion ist.

Analog zu Satz 1 beweist man auch hier:

Satz 1':

Für ein lokal zusammenhängendes Gebiet G im $\mathbb{C}^n$ gilt:
G ist Holomorphiegebiet $\Longleftrightarrow$ G ist schwaches Holomorphiegebiet.

Es sollte bemerkt werden, daß es im allgemeinen Fall durchaus schwache Holomorphiegebiete gibt, die keine Holomorphiegebiete sind. Solche Beispiele nutzen wie in I 2.1 wesentlich die Mehrdeutigkeit der Logarithmusfunktion aus. Im $\mathbb{C}^1$ jedoch ist jedes Gebiet ein Holomorphiegebiet.

Als triviale Folgerung aus den Definitionen sei noch bemerkt.

Folgerung 1:

Jedes Gebiet im $\mathbb{C}^n$, das (schwaches) Existenzgebiet einer holomorphen Funktion ist, ist auch (schwaches) Holomorphiegebiet.

I 2.3: Metrisch-konvexe Gebiete

Um den in der Überschrift formulierten Begriff definieren zu können, bedarf es einiger Vorbereitung: es ist der Begriff des "Randabstandes" und der "konvexen Hülle" einzuführen.

a) Randabstand:

Definition 4:

Sei $G \subset \mathbb{C}^n$ ein Gebiet, sei z ein Punkt von G, sei $K \subset G$ eine Teilmenge, und sei a ein Einheitsvektor im $\mathbb{C}^n$ ($|a|^2 = \sum_{\nu=1}^{n} |a_\nu|^2 = 1$, falls $a = (a_1,\ldots,a_n)$).

α) Unter dem "Polyzylinder-Randabstand von z in G" sei folgende positive Zahl verstanden:

$\delta_G(z) := \sup\{r \in \mathbb{R}_{>0} : \Delta(z,r) \subset G\} \in (0,+\infty]$.

α') Der "Polyzylinder-Randabstand von K in G" ist definiert als:

$\delta_G(K) := \inf\{\delta_G(z) : z \in K\} \in [0,+\infty]$.

β) Unter dem "euklidischen Randabstand von z in G" sei folgende positive Zahl verstanden:

$\Delta_G(z) := \sup\{r \in \mathbb{R}_{>0} : U(z,r) \subset G\} \in (0,+\infty]$.

β') Analog zu α') sei der "euklidische Randabstand von K in G": $\Delta_G(K)$ definiert.

γ) Unter dem "Randabstand von z in a-Richtung" verstehe man folgende positive Zahl:

$\Delta_G(z;a) := \sup\{r \in \mathbb{R}_{>0} : \{z + \lambda a : \lambda \in \mathbb{C} \text{ und } |\lambda| < r\} \subset G\}$.

γ') Wie oben definiert man den "Randabstand von K in a-Richtung": $\Delta_G(K;a)$.

Die Eigenschaften dieser Randabstände sollen im folgenden Lemma aufgeführt werden; dabei sei der Beweis dem Leser überlassen.

Lemma:

Für ein Gebiet G im $\mathbb{C}^n$ gilt:

α) Ist $G = \mathbb{C}^n$, so folgt: $\Delta_G \equiv \delta_G \equiv \delta_G(\ ;a) \equiv +\infty$.

β) Im Falle $G \neq \mathbb{C}^n$ sind die Funktionen Δ_G, $\delta_G : G \longrightarrow \mathbb{R}$ stetig; die Funktion $\Delta_G(\ ;a) : G \longrightarrow \mathbb{R}_{+\infty}$ ist dagegen halbstetig nach unten (vgl. II 1.2).

γ) Für einen Punkt $z \in G \neq \mathbb{C}^n$ gilt:

$$\Delta_G(z) = \inf_{|a|=1} \Delta_G(z;a) \quad \text{und} \quad \delta_G(z) = \inf_{|a|=1} \frac{\Delta_G(z;a)}{\Delta_{\Delta(0,1)}(0;a)} \ ;$$

dabei ist $\Delta(0,1)$ der Einheitspolyzylinder im $\mathbb{C}^n$.

δ) Ist K eine Teilmenge von $G \neq \mathbb{C}^n$, so folgt

$$\Delta_G(K) = \inf_{|a|=1} \Delta_G(K;a) \quad \text{und} \quad \delta_G(K) = \inf_{|a|=1} \frac{\Delta_G(K;a)}{\Delta_{\Delta(0,1)}(0;a)} \ .$$

b) Holomorph-konvexe Hüllen:

Definition 5:

a) Sei G ein Gebiet im $\mathbb{C}^n$, und sei F eine Familie über G holomorpher Funktionen, die die Koordinatenprojektionen enthält. Für eine kompakte Teilmenge K von G definiert folgende Menge

$\hat{K}(F) := \{z \in G : \text{für alle } f \in F \text{ gilt } |f(z)| \leq ||f||_K\}$

"die F-konvexe Hülle von K".

b) Bezeichne H_G die Gesamtheit der auf G holomorphen Funktionen, so heißt $\hat{K}(H_G) =: \hat{K}$ "die holomorph-konvexe Hülle" von K.

Folgende Eigenschaften dieser Hüllenbildung sind dann unmittelbar einsichtig:

1) $\hat{K}(F)$ ist bezüglich der Topologie von G abgeschlossen;

2) $\hat{K}(F)$ ist beschränkt;

3) $K \subset \hat{K}(F)$ und $\widehat{\hat{K}(F)}(F) = \hat{K}(F)$, falls $\hat{K}(F)$ kompakt ist.

Nach diesen Vorbereitungen soll nun der für diesen Abschnitt wesentliche Begriff definiert werden:

Definition 6:

Sei G ein Gebiet im $\mathbb{C}^n$, und sei a ein Einheitsvektor des $\mathbb{C}^n$.

a) G heißt "metrisch-konvex in a-Richtung", falls für jedes Kompaktum K von G gilt: $\Delta_G(K;a) = \Delta_G(\hat{K};a)$.

b) G heißt "metrisch-konvex bezüglich des Randabstandes Δ_G bzw. δ_G", falls für jedes Kompaktum K in G gilt: $\Delta_G(K) = \Delta_G(\hat{K})$ bzw. $\delta_G(K) = \delta_G(\hat{K})$.

Mit dieser Definition und den Bemerkungen über die Randabstandsfunktionen folgt sofort:

Folgerung 2:

Ist ein Gebiet $G \subset \mathbb{C}^n$ für jeden Einheitsvektor a im $\mathbb{C}^n$ in a-Richtung metrisch-konvex, so ist G auch bezüglich Δ_G und bezüglich δ_G metrisch-konvex.

Das Hauptziel dieses Abschnittes ist der Nachweis, daß jedes Holomorphiegebiet in jeder a-Richtung metrisch-konvex ist. Als Schlüssel zu dieser Aussage erweist sich der folgende Satz, der im wesentlichen auf Cartan und Thullen zurückgeht.

Satz 2:

Sei G ein Gebiet im $\mathbb{C}^n$ $(n \geq 2)$, und sei K ein Kompaktum in G, dessen holomorph-konvexe Hülle $\hat{K}$ den Punkt $z^0 \in G$ enthält. Für den Einheitsvektor $a \in \mathbb{C}^n$ gelte: $\Delta_G(z^0;a) < \Delta_G(K;a) =: r$. Dann gibt es zu jeder Zahl r' mit $\Delta_G(z^0;a) < r' < r$ eine positive Zahl $\varepsilon = \varepsilon(r')$ mit $U(z^0,\varepsilon) \subset G$, so daß folgendes gilt: zu jeder auf G holomorphen Funktion $f : G \longrightarrow \mathbb{C}$ existiert eine auf dem Gebiet $G(r') := \{z \in \mathbb{C}^n :$ für ein $\lambda \in \mathbb{C}$ mit $|\lambda| < r'$ gilt: $|z - z^0 - \lambda a| < \varepsilon\}$ holomorphe Funktion $F : G(r') \longrightarrow \mathbb{C}$ mit: $F|_{U(z^0,\varepsilon)} \equiv f|_{U(z^0,\varepsilon)}$.

Bevor dieser Satz bewiesen wird, soll die gewünschte Folgerung aus ihm hergeleitet werden.

Satz 3:

Jedes Holomorphiegebiet G im $\mathbb{C}^n$ ist für jeden Einheitsvektor a des $\mathbb{C}^n$ in der a-Richtung metrisch-konvex.

Beweis:

Sonst gibt es ein Kompaktum $K \subset G \subset \mathbb{C}^n$ $(n \geq 2)$, einen Einheitsvektor $a \in \mathbb{C}^n$ $(n \geq 2)$ und einen Punkt $z^0 \in \hat{K}$ mit folgender Eigenschaft: $\Delta_G(z^0;a) < \Delta_G(K;a)$. Mit einer Zahl r' zwischen $\Delta_G(z^0;a)$ und $\Delta_G(K;a)$ findet man nach Satz 2 Gebiete U_1 und U_2 mit:

$$\emptyset \neq U_1 := U(z^0,\varepsilon) \subset U_2 := G(r') \text{ und } U_2 \cap G \subsetneqq U_2,$$

für die gilt: die Restriktion auf U_1 jeder auf G holomorphen Funktion ist darstellbar als Einschränkung einer auf U_2 holomorphen Funktion. Dann kann G aber kein Holomorphiegebiet sein; d.h. der Satz ist bewiesen.

Es soll sich jetzt dem Beweis von Satz 2 zugewendet werden:

Beweis von Satz 2:

Durch Translation und Drehung - beides den euklidischen Abstand erhaltende biholomorphe Transformationen - läßt sich erreichen, daß man o.E.d.A. folgendes annehmen kann:

$$z^0 = 0 \in \mathbb{C}^n \quad \text{und} \quad a = (0,\ldots,0,1).$$

Ist der Polyzylinder $\Delta(0,\varepsilon_1)$ relativ kompakt in G enthalten, so liefert jeder Punkt $\tilde{z} \in \mathbb{C}^{n-1}$ mit $|z_i| < \varepsilon_1$ eine holomorphe Funktion $f_{\tilde{z}} : \overline{U_1}(0,\varepsilon_1) \longrightarrow \mathbb{C}$ mit: $z_n \longrightarrow f_{\tilde{z}}(z_n) := f(\tilde{z},z_n)$. Auf der Kreisscheibe $\overline{U_1}(0,\varepsilon_1)$ hat man dann für diese Funktionen folgende Potenzreihenentwicklung:

(*) $$f_{\tilde{z}}(z_n) = \sum_{\nu=0}^{\infty} g_\nu(\tilde{z}) z_n^\nu$$

mit den holomorphen Koeffizientenfunktionen auf $\Delta_{n-1}(0,\varepsilon_1) \subset \mathbb{C}^{n-1}$:

$$g_\nu(\tilde{z}) = \frac{1}{2\pi i} \int_{|\zeta|=\varepsilon_1} \frac{f(z_1,\dots,z_{n-1},\zeta)}{\zeta^{\nu+1}}\, d\zeta = \frac{1}{\nu!} \frac{\partial^\nu f}{\partial z_n^\nu} (\tilde{z},0).$$

Um Aussagen über das Konvergenzverhalten der Reihe (*) zu erfahren, benötigt man Abschätzungen für die Koeffizientenfunktionen g_ν.

Mit $\rho := \delta_G(z^0)$ wähle man eine Zahl ρ' mit $0 < \rho' < \min(\rho, r')$, so daß folgende Inklusionen gelten:

$K(\rho') := \{z \in \mathbb{C}^n : z = z^1 + z^2$ mit $z^1 \in K$ und
$z^2 \in \Delta_n(0,\rho')\} \subset\subset G$
und
$K(a;r',\rho') := \{z + a\lambda \in \mathbb{C}^n : \lambda \in \mathbb{C}$ mit $|\lambda| < r'$ und
$|z - z'| < \rho'$ für geeignetes $z' \in K\} \subset\subset G$.

Mit $\alpha = (0,\dots,0,\alpha_n) \in \mathbb{N}_0^n$ hat man dann in dem n-dimensionalen Polyzylinder $\Delta_n(0,\rho)$ folgende Potenzreihenentwicklung von $D^\alpha f$:

$$D^\alpha f(z) = \sum_{|\beta| \geq 0} \frac{D^\beta D^\alpha f(z^0)}{\beta!} z^\beta.$$

Da die Funktionen $D^\beta D^\alpha f$ auf G holomorph sind, folgt wegen $z^0 \in \hat{K}$ mit den Cauchy-Ungleichungen die folgende Abschätzung:

$$\frac{1}{\beta!}\,|D^\beta D^\alpha f(z^0)| \le \sup_{z\varepsilon K} \frac{1}{\beta!}\,|D^\beta D^\alpha f(z)|$$

$$\le \sup_{z\varepsilon K(\rho')} |D^\alpha f(z)| \cdot (\rho')^{-|\beta|}$$

$$\le (\rho')^{-|\beta|}\ \alpha!(r')^{-|\alpha|} \cdot \sup_{z\varepsilon K(a;r',\rho)} |f(z)|$$

$$=: \frac{\alpha!\ M}{(\rho')^{|\beta|}\cdot(r')^{|\alpha|}} .$$

Also folgt für Punkte $z \ \varepsilon\ \Delta(0,\frac{\rho'}{2})$:

$$|D^\alpha f(z)| \le \sum_{|\beta|\ge 0} \frac{M\ \alpha!}{(r')^{|\alpha|}}\left(\frac{1}{2}\right)^{|\beta|} = M \cdot C\ \alpha!(r')^{-|\alpha|}$$

mit der Konstanten

$$C := \sum_{|\beta|\ge 0} 2^{-|\beta|}.$$

Damit hat man die folgende Abschätzung für die Koeffizientenfunktionen g_ν auf dem (n-1)-dimensionalen Polyzylinder $\Delta_{n-1}(0;\frac{1}{2}\cdot\rho')$ gefunden:

$$|g_\nu(\tilde{z})| = \frac{1}{\nu!}\,|(D^{(0,\ldots,0,\nu)}f)(\tilde{z},0)| \le M \cdot C \cdot (r')^{-\nu};$$

woraus sofort die kompakt-gleichmäßige Konvergenz der Reihe (*) auf folgendem Gebiet folgt:

$$U := \{z\ \varepsilon\ \mathbb{C}^n : |z_i| < \frac{\rho'}{2} \text{ für } 1 \le i \le n-1 \text{ und } |z_n| < r'\}.$$

Also liefert die Reihe (*) eine auf U holomorphe Funktion $F : U \longrightarrow \mathbb{C}$, die mit der Ausgangsfunktion nahe $z^0 = 0$ übereinstimmt; womit die Behauptung des Satzes 2 bewiesen ist.

I 2.4: Das starke Kontinuitätsprinzip

Die Eigenschaft der metrischen Konvexität soll durch die folgende Charakterisierung, die vor allem bei dem Nachweis, daß ein vorgelegtes Gebiet kein Holomorphiegebiet ist, gute Dienste leistet, abgeschwächt werden. Man definiert:

Definition 7:

Sei G ein Gebiet im $\mathbb{C}^n$. Man sagt: G erfüllt das "starke Kontinuitätsprinzip bezüglich des Randabstandes δ_G bzw. Δ_G", falls für jedes Paar (S,T) von Teilmengen von G, das folgenden Eigenschaften genügt:

1) für jede auf G holomorphe Funktion f gilt:

$$\sup_{z \in T} |f(z)| = \sup_{z \in S \cup T} |f(z)|,$$

2) es ist $S \cup T \subset\subset G$,

gilt:

$$\delta_G(T) \leq \delta_G(S) \quad \text{bzw.} \quad \Delta_G(T) \leq \Delta_G(S).$$

Als Abkürzung für die Eigenschaft 1) eines Paares (S,T) von Teilmengen eines Gebietes G soll gesagt werden: das Paar (S,T) genügt dem "Maximumprinzip in G".

Es sollen zur Illustrierung dieser Definition spezielle Paare

(S,T), die dem Maximumprinzip genügen, betrachtet werden. Man formuliert:

Definition 8:

Sei G ein Gebiet im $\mathbb{C}^n$, und sei S eine Teilmenge von G.

a) S heißt "analytische Scheibe in G", falls es eine abgeschlossene Kreisscheibe $\overline{U_1}(z^o,r)$ im $\mathbb{C}^1$ und eine stetige Abbildung $F : \overline{U_1}(z^o,r) \longrightarrow \mathbb{C}$ gibt, so daß F auf $U_1(z^o,r)$ holomorph und $F(\overline{U_1}(z^o,r)) = S$ ist.

b) Sei S eine durch $F : \overline{U_1}(z^o,r) \longrightarrow G$ gegebene analytische Scheibe in G, so versteht man unter "dem Rand ∂S der Scheibe S" die folgende Menge: $\partial S := F(\partial U_1(z^o,r))$.

Es gilt dann die folgende Aussage:

Lemma 1:

Ist S eine analytische Scheibe in einem Gebiet $G \subset \mathbb{C}^n$, so erfüllt das Paar $(S,\partial S)$ das Maximumprinzip in G, und es gilt:
$S \cup \partial S = S \subset\subset G$.

Beweis:

Während die letzte Behauptung des Lemmas trivial ist, folgt die erste wie folgt aus dem Maximumprinzip der Theorie einer Veränderlichen:

$$\sup_{z\varepsilon\partial S}|f(z)| = \sup_{|t-t_o|=r}|f\circ F(t)| = \sup_{|t-t_o|\leq r}|f\circ F(t)| = \sup_{z\varepsilon S}|f(z)|$$

für jede auf G holomorphe Funktion $f : G \longrightarrow \mathbb{C}$; dabei sei S durch $F : \overline{U_1}(t_o,r) \longrightarrow G$ dargestellt gewesen.

q.e.d.

Mit Hilfe dieser analytischen Scheiben sieht man etwa sofort, daß die punktierte Einheitskugel $U(0,1) - \{0\} \subset \mathbb{C}^n$ $(n \geq 2)$ nicht dem starken Kontinuitätsprinzip genügt.

Nach diesen Vorbereitungen läßt sich folgender, auch als <u>starker Kontinuitätssatz</u> bezeichneter, Satz formulieren:

<u>Satz 4:</u>

Ein Gebiet G im $\mathbb{C}^n$, das bezüglich des Randabstandes δ_G (bzw. Δ_G) metrisch-konvex ist, erfüllt das starke Kontinuitätsprinzip bezüglich δ_G (bzw. Δ_G).

Beweis:

Für ein Paar (S,T) von Teilmengen von G, das den Voraussetzungen von Definition 7 genügt, folgert man wegen $S \subset \hat{T}$ sofort:

$$\delta_G(T) = \delta_G(\overline{T}) = \delta_G(\hat{T}) \leq \delta_G(S).$$

Dieselbe Gleichungskette hat man offenbar auch für den euklidischen Randabstand. Also ist Satz 4 bewiesen.

<u>I 2.5: Holomorphiekonvexität</u>

Erinnert man sich an die Definition 5, so läßt sich definieren:

Definition 9:

Sei G ein Gebiet im $\mathbb{C}^n$, und sei F eine Familie von auf G holomorphen Funktionen, die die Projektionen enthält.

a) G heißt "F-konvex", falls für jedes Kompaktum $K \subset G$ auch die F-konvexe Hülle $\hat{K}(F)$ von K wieder kompakt ist.

b) Ist speziell F = {alle holomorphen Funktionen auf G} =: H_G
bzw. $F = \{f \in H_G$: f ist Restriktion eines Polynoms$\}$
bzw. $F = \{f \in H_G$: f ist Restriktion eines Monoms$\}$,
so sagt man statt F-konvex auch "holomorph-konvex" bzw. "polynom-konvex" bzw. "monom-konvex".

Es sollte daran erinnert werden, daß man geometrisch konvexe Gebiete im $\mathbb{R}^n$ analog Definition 9 charakterisieren kann, indem man nur statt der holomorphen die linearen Funktionen benutzt.

Es sollen einige einfache Eigenschaften von F-konvexen Gebieten aufgezählt werden, deren Beweise aber dem Leser überlassen bleiben.

Lemma 2:

a) Ist ein Gebiet $G \subset \mathbb{C}^n$ F-konvex, so ist G auch F'-konvex für jede Familie $F' \supset F$.

b) Ist das Gebiet G F-konvex und ist die Familie F' dicht in F, d.h. jede Funktion $f \in F$ läßt sich auf jedem Kompaktum von G gleichmäßig durch Funktionen der Familie F' approximieren, so ist G auch F'-konvex.

c) Jede Zusammenhangskomponente des Inneren eines Durchschnittes $\bigcap_{i \in I} G_i$ von holomorph-konvexen Gebieten G_i $(i \in I)$ ist holomorph-konvex.

Damit kommt man zu folgendem Satz:

Satz 5:

Ein Gebiet G des $\mathbb{C}^n$, das bezüglich eines der Randabstände δ_G oder Δ_G dem starken Kontinuitätsprinzip genügt, ist stets holomorph-konvex.

Beweis:

Unter der gegenteiligen Annahme: G ist nicht holomorph-konvex findet man ein Kompaktum $K \subset G$, dessen holomorph-konvexe Hülle $\hat{K}$ nicht kompakt ist. Da $\hat{K}$ beschränkt und relativ G abgeschlossen ist, gibt es eine Punktfolge $\{z^\nu\}_{\nu=1}^{\infty}$ in $\hat{K}$ mit $z^\nu \underset{\nu\to\infty}{\longrightarrow} z^0 \in \partial G$. Für die Paare $(S_\nu, T_\nu) := (\{z^\nu\}, K)$ gilt dann: $S_\nu \cup T_\nu \subset\subset G$, und $\sup_{T_\nu} |f| = \sup_{S_\nu \cup T_\nu} |f|$ für alle holomorphen Funktionen auf G. Also ist für diese Paare das starke Kontinuitätsprinzip anwendbar, und es folgt:

$$0 < \Delta_G(K) = \Delta_G(T_\nu) \leq \Delta_G(S_\nu) = \Delta_G(z^\nu) \underset{\nu\to\infty}{\longrightarrow} 0$$

bzw.

$$0 < \delta_G(K) = \delta_G(T_\nu) \leq \delta_G(S_\nu) = \delta_G(z^\nu) \underset{\nu\to\infty}{\longrightarrow} 0;$$

also ist obige Annahme unhaltbar. Damit ist dieser Satz bewiesen.

q.e.d.

Dieser Abschnitt wird mit der trivialen Bemerkung beschlossen, daß das Gebiet $G = \mathbb{C}^n$ stets holomorph-konvex ist.

I 2.6: Randwerte holomorpher Funktionen

Der folgende Satz soll in gewisser Weise die Bedingung, die an ein Existenzgebiet gestellt wurde, "lokalisieren" und somit für Anwendungen zugänglicher machen. Genau gilt:

Satz 6:

Ist G ein holomorph-konvexes Gebiet im $\mathbb{C}^n$, so gibt es zu jeder Randpunktfolge $\{z^\nu\}_{\nu=1}^\infty$ in G mit $z^\nu \xrightarrow[\nu\to\infty]{} z^0 \in \partial G$ eine auf G holomorphe Funktion $f : G \longrightarrow \mathbb{C}$, die auf dieser Punktfolge unbeschränkt ist.

Beweis:

Sei $G \neq \mathbb{C}^n$ vorausgesetzt, und sei solch eine Randpunktfolge $\{z^\nu\}$ in G mit $z^\nu \xrightarrow[\nu\to\infty]{} z^0 \in \partial G$ gegeben. Mit $G_\nu := \{z \in G : \overline{U}(z,\frac{1}{\nu}) \subset G\}$ - ν natürlich - und $K_\nu := \overline{G}_\nu \cap \overline{U}(0,\nu)$ erhält man für $\nu \geq \nu_0$ (ν_0 so, daß $\mathring{K}_{\nu_0} \neq \emptyset$) eine G ausschöpfende, aufsteigende Folge $\{K_\nu\}_{\nu=\nu_0}^\infty$ von Kompakta $K_\nu \subset G$. Da nach Voraussetzung G holomorph-konvex ist, sind die holomorph-konvexen Hüllen $\hat{K}_\nu$ kompakt. Induktiv konstruiert man dann Teilfolgen $\{z^{\nu(\mu)}\}_{\mu=1}^\infty$ und $\{K_{\lambda(\mu)}\}_{\mu=1}^\infty$: Für $\lambda = 1$ setze man: $K_{\lambda(1)} := K_{\nu_0}$;

zudem wähle man eine Zahl $\nu(1) \in \mathbb{N}$ mit: $z^{\nu(1)} \notin \hat{K}_{\lambda(1)}$. Dies ist stets möglich, da $\hat{K}_{\lambda(1)}$ kompakt in G liegt, die Punktfolge $\{z^\nu\}$ aber gegen den Rand von G konvergiert. Hat man dann bereits $\{K_{\lambda(\nu)}\}_{\nu=1}^{l}$ und $\{z^{\nu(\mu)}\}_{\mu=1}^{l}$ so konstruiert, daß stets gilt:

$$z^{\nu(\mu)} \notin \hat{K}_{\lambda(\mu)} \quad \text{für} \quad 1 \leq \mu \leq l$$

und

$$z^{\nu(\mu)} \in K_{\lambda(\mu+1)} \quad \text{für} \quad 1 \leq \mu < l,$$

so wähle man zunächst $\lambda(l + 1) > \lambda(l)$ derart, daß der Punkt $z^{\nu(l)}$ in $K_{\lambda(l+1)}$ liegt, und dann $\nu(l + 1) > \nu(l)$ so, daß der Punkt $z^{\nu(l+1)}$ nicht zu $\hat{K}_{\lambda(l+1)}$ gehört. Wegen der Definition der holomorph-konvexen Hülle gelingt es nun, holomorphe Funktionen $\tilde{f}_\mu : G \longrightarrow \mathbb{C}$ zu finden, die folgender Ungleichung genügen:

$$||\tilde{f}_\mu||_{K_{\lambda(\mu)}} := \sup_{K_{\lambda(\mu)}} |\tilde{f}_\mu| < |\tilde{f}_\mu(z^{\nu(\mu)})| \qquad (\mu \in \mathbb{N}).$$

Mit Zahlen $\alpha_\mu \in \mathbb{R}$, für die $||\tilde{f}_\mu||_{K_{\lambda(\mu)}} < \alpha_\mu < |\tilde{f}_\mu(z^{\nu(\mu)})|$ gilt, erhält man dann auf G holomorphe Funktionen $f_\mu := \alpha_\mu^{-1} \tilde{f}_\mu$, für die gilt:

$$||f_\mu||_{K_{\lambda(\mu)}} < 1 < |f_\mu(z^{\nu(\mu)})|.$$

Man wählt $e_1 := 1$ und unter der Voraussetzung, daß natürliche Zahlen $e_1, \ldots, e_\mu$ $(\mu \geq 1)$ bereits bestimmt sind, $e_{\mu+1}$ so, daß

$$\frac{|f_{\mu+1}(z^{\nu(\mu+1)})|^{e_{\mu+1}}}{(\mu+1)^2} - \sum_{\lambda=1}^{\mu} \frac{|f_\lambda(z^{\nu(\mu+1)})|^{e_\lambda}}{\lambda^2} > \mu + 1$$

gilt. Dann ergibt folgende Abschätzung auf $K_{\lambda(\mu)}$ für irgendein natürliches $\mu \in \mathbb{N}$:

$$\sum_{\lambda=\mu}^{\mu+p} \frac{|f_\lambda(z)|^{e_\lambda}}{\lambda^2} \leq \sum_{\lambda=\mu}^{\mu+p} \frac{1}{\lambda^2}$$

sofort, daß die Reihe

$$F(z) = \sum_{\lambda=1}^{\infty} \frac{1}{\lambda^2} f_\lambda^{e_\lambda}(z)$$

auf G kompakt gleichmäßig konvergiert; also ist F eine auf G holomorphe Funktion. Es bleibt nur noch das Verhalten dieser Funktion F auf der Randpunktfolge zu betrachten. Es gilt:

$$\begin{aligned} |F(z^{\nu(\mu)})| &\geq \frac{|f_\mu(z^{\nu(\mu)})|^{e_\mu}}{\mu^2} - \sum_{\gamma=1}^{\mu-1} \frac{|f_\gamma(z^{\nu(\mu)})|^{e_\gamma}}{\gamma^2} \\ &\quad - \sum_{\gamma=\mu+1}^{\infty} \frac{|f_\gamma(z^{\nu(\mu)})|^{e_\gamma}}{\gamma^2} \\ &\geq \mu - \sum_{\gamma=1}^{\infty} \frac{1}{\gamma^2} \; ; \end{aligned}$$

also ist F auf der Folge $\{z^{\nu(\mu)}\}_{\mu=1}^{\infty}$ unbeschränkt, womit Satz 6 bwwiesen ist.

q.e.d.

Im folgenden soll diese lokale Aussage von Satz 6 wieder globalisiert werden. Es gilt:

Satz 7:

Sei $G \neq \mathbb{C}^n$ ein Gebiet im $\mathbb{C}^n$ mit der folgenden Eigenschaft: zu jeder Randpunktfolge in G gibt es eine auf G holomorphe und auf der Randpunktfolge unbeschränkte Funktion. Dann existiert eine auf G holomorphe Funktion $f : G \longrightarrow \mathbb{C}$, für die gilt: zu jedem Punkt $z \in G$ mit rationalen Koordinaten gibt es eine Punktfolge $\{z^\nu\}_{\nu=1}^{\infty}$ in der Kugel $U(z,\Delta_G(z))$, auf der die Funktion f unbeschränkt ist.

Beweis:

Eine Abzählung $\{\zeta_\nu\}_{\nu=1}^{\infty}$ aller Punkte aus G mit rationalen Koordinaten ordne man wie folgt:

$$\zeta_1, \zeta_1, \zeta_2, \zeta_1, \zeta_2, \zeta_3, \zeta_1, \ldots$$

Diese neue Folge wird durch $\{w_\nu\}_{\nu \in \mathbb{N}}$ bezeichnet. Sie hat die Eigenschaft, daß jeder der Punkte ζ_ν unendlich oft in ihr vorkommt. Wieder sei wie im Beweis von Satz 6 $\{K_\nu\}_{\nu=1}^{\infty}$ eine aufsteigende Folge von Kompakta in G mit: $\emptyset \neq \mathring{K}_1$ und $\bigcup_{\nu=1}^{\infty} K_\nu = G$; ferner sei $U_\nu := U(w_\nu, \Delta_G(w_\nu))$. Nach diesen Vorbereitungen konstruiert man induktiv eine Teilfolge $\{K_{\nu(\mu)}\}_{\mu=1}^{\infty}$ der Folge $\{K_\nu\}_{\nu=1}^{\infty}$, eine Punktfolge $\{z^\mu\}_{\mu=1}^{\infty}$ in G und eine Funktionenfolge $\{f_\mu\}_{\mu=1}^{\infty}$ von auf G holomorphen Funktionen f_μ, so daß gilt:

$$z^\mu \in U_\mu \cap (K_{\nu(\mu+1)} - K_{\nu(\mu)})$$

und

$$|f_\mu(z^\mu)| > 1 \geq ||f_\mu||_{K_{\nu(\mu)}} .$$

Bei dieser Konstruktion geht man z.B. für $\mu = 1$ wie folgt vor: da $\overline{U_1}$ den Rand ∂G von G schneidet, gibt es eine Randpunktfolge $\{w_{1,\nu}\}_{\nu=1}^{\infty}$ in U_1 und nach Voraussetzung eine auf dieser Punktfolge unbeschränkte, in G holomorphe Funktion $g_1 : G \longrightarrow \mathbb{C}$. Man wähle dann $z^1 := w_{1,\nu_1} \notin K_1$ mit geeignetem ν_1, so daß $|g_1(w_{1,\nu_1})| > ||g_1||_{K_1}$ gilt, und setze $f_1 := g_1 \cdot ||g_1||_{K_1}^{-1}$ ($||g_1||_{K_1} \neq 0$, da $\mathring{K}_1 \neq \emptyset$). Kopiert man jetzt mit den Größen $\langle z^\nu, f_\nu, K_\nu\rangle$ den Beweis von Satz 6, so erhält man eine auf G holomorphe Funktion $F : G \longrightarrow \mathbb{C}$, für die gilt: $|F(z^\nu)| \geq \nu - C$ mit einer geeigneten Konstanten C. Sei jetzt $z \in G$ ein Punkt mit rationalen Koordinaten, d.h. $z = \zeta_{\nu_0}$ für einen Index ν_0. Nach Konstruktion gibt es dann eine Teilfolge $\{w_{\nu(\mu)}\}_{\mu=1}^{\infty}$ von $\{w_\nu\}$ mit $w_{\nu(\mu)} = \zeta_{\nu_0} = z$. Wegen $z^{\nu(\mu)} \in U_{\nu(\mu)} = U(w_{\nu(\mu)}, \Delta_G(w_{\nu(\mu)}))$ $= U(z, \Delta_G(z))$ hat man für F folgende Abschätzung: $|F(z^{\nu(\mu)})| \geq \nu(\mu) - C$, woraus sofort die Behauptung des Satzes folgt.

Mit Satz 7 folgt dann auch

Korollar 7.1:

Unter den Voraussetzungen von Satz 7 gilt: es gibt eine auf G holomorphe Funktion $F : G \longrightarrow \mathbb{C}$ mit $\overline{\lim\limits_{\substack{z\to\zeta \\ z\in G}}} |F(z)| = \infty$ für jeden Randpunkt $\zeta \in \partial G$.

Beweis:

Man braucht für die in Satz 7 konstruierte Funktion F nur die geforderte Eigenschaft des Korollars nachzuweisen. Sei also der Randpunkt $\zeta \in \partial G$ gegeben. Dann gibt es eine gegen ζ konvergierende Folge $\{u_\nu\}_{\nu=1}^{\infty}$ von Punkten u_ν in G. Da aber die Punkte mit rationalen Koordinaten dicht in G liegen, findet man eine Folge $\{\lambda(\nu)\}_{\nu=1}^{\infty}$ natürlicher Zahlen mit $|u_\nu - \zeta_{\lambda(\nu)}| < \frac{1}{\nu}$; dabei seien hier die Folgen $\{\zeta_\nu\}$, $\{z^\nu\}$ und $\{w_\nu\}$ aus dem Beweis zu Satz 7 übernommen. Wegen der Eigenschaft der Folge $\{w_\nu\}$ findet man nun eine Teilfolge $\{w_{k(\nu)}\}_{\nu=1}^{\infty}$ mit: $w_{k(\nu)} = \zeta_{\lambda(\nu)}$, also folgt mit $w_{k(\nu)} \xrightarrow[\nu\to\infty]{} \zeta$ und $z^{k(\nu)} \xrightarrow[\nu\to\infty]{} \zeta$ auch $F(z^{k(\nu)}) \xrightarrow[\nu\to\infty]{} \infty$; also ist das Korollar bewiesen.

Bevor wir den nächsten Satz formulieren, sollen im folgenden Hilfssatz einige Ergebnisse aus der Theorie der unendlichen Produkte (ohne Beweis) aufgezählt werden.

Hilfssatz:

Konvergiert für eine Folge $\{f_\nu\}_{\nu=1}^{\infty}$ von Funktionen $f_\nu : K \longrightarrow \mathbb{C}$ über $K \subset \mathbb{C}^n$ die Reihe $\sum_{\nu=1}^{\infty} f_\nu$ absolut gleichmäßig auf K, so gilt mit einer geeigneten natürlichen Zahl ν_0:

1) für alle $\nu \geq \nu_0$ und alle $z \in K$ gilt: $1 - f_\nu(z) \neq 0$;

2) die Folge $\{p_\nu\}_{\nu\in\mathbb{N}}$ mit $p_\nu := \prod_{\mu=1}^{\nu} (1 - f_{\nu_0+\mu})$ konvergiert gleichmäßig auf K;

3) die Grenzfunktion $p := \lim p_\nu$ ist ohne Nullstellen auf K;

4) ist $\nu_1 \geq \nu_0$, so konvergiert auch die Folge $\{q_\nu\}_{\nu\in\mathbb{N}}$ mit $q_\nu := \prod_{\mu=1}^{\nu} (1 - f_{\nu_1+\mu})$ gleichmäßig auf K, und es gilt dort:

$$(1 - f_1) \ldots (1 - f_{\nu_0}) \cdot p = (1 - f_1) \ldots (1 - f_{\nu_1})q,$$

wobei $q := \lim_{\nu\to\infty} q_\nu$ gesetzt ist.

Es gilt der folgende Satz:

Satz 8:

Sei $G \subsetneqq \mathbb{C}^n$ ein Gebiet im $\mathbb{C}^n$, und sei $f : G \longrightarrow \mathbb{C}$ eine holomorphe Funktion mit folgender Eigenschaft: zu jedem Punkt $z \in G$ mit rationalen Koordinaten existiert eine Punktfolge in der Kugel $U(z,\Delta_G(z))$, auf der f unbeschränkt ist. Dann findet man eine auf G holomorphe Funktion $F : G \longrightarrow \mathbb{C}$ - $F \not\equiv 0$ - mit: für jeden Punkt $w \in G$ mit rationalen Koordinaten enthält die Kugel $U(w,\Delta_G(w))$ eine Punktfolge $\{w^\nu\}_{\nu=1}^\infty$, auf der $(D^\alpha F)(w^\nu) = 0$ für alle Multiindizes $\alpha \in \mathbb{N}_o^n$ mit $|\alpha| < \nu$ gilt.

Beweis:

Wie in den vorangegangenen Beweisen sei: $\{K_\nu\}_{\nu=1}^\infty$ eine kompakte Ausschöpfung von G mit $\emptyset \neq \mathring{K}_1 \subset K_1 \subset K_2 \subset \ldots$, $\{\zeta_\nu\}_{\nu=1}^\infty$ eine Abzählung aller Punkte von G mit rationalen Koordinaten und $\{w_\nu\}_{\nu=1}^\infty$ die Folge $\zeta_1, \zeta_1, \zeta_2, \zeta_1, \ldots$ Weiter bezeichne $\{w_{1,\nu}\}_{\nu=1}^\infty$ eine Punktfolge in $U(w_1,\Delta_G(w_1))$, auf der die Funktion f unbeschränkt ist. Man wähle $\nu(1) \in \mathbb{N}$ so, daß $|f(w_{1,\nu(1)})| > ||f||_{K_1} \cdot 1 \cdot 2^1$ gilt und setzt:
$\tilde{g}_1 := \frac{f}{f(w_{1,\nu(1)})}$ und $z^1 := w_{1,\nu(1)} \in U(w_1,\Delta_G(w_1))$. Es gilt:
$\tilde{g}_1(z^1) = 1$ und $||\tilde{g}_1||_{K_1} < \frac{1}{1\cdot 2^1}$. Jetzt betrachtet man folgende Folge $\{g_\nu\}_{\nu=1}^\infty$ holomorpher Funktionen $\tilde{g}_1, \tilde{g}_2, \tilde{g}_2, \tilde{g}_3, \tilde{g}_3, \tilde{g}_3, \ldots$
Für diese Folge gilt dann auf einem Kompaktum $K \subset K_{\nu_o}$:

$$\sum_{\nu=\nu_1}^{\nu_1+k} |g_\nu(z)| \leq \sum_{\nu=\nu_o}^{\nu_o+k} \nu\, |\tilde{g}_\nu(z)| \leq \sum_{\nu=\nu_o}^{\nu_o+k} \frac{1}{2^\nu}$$

mit einem geeigneten Index ν_1; also konvergiert die Reihe $\sum_{\nu=1}^{\infty} g_\nu$ absolut kompakt-gleichmäßig auf G. Mit obigem Hilfssatz findet man natürliche Zahlen n_ν ($n_\nu \leq n_{\nu+1}$), die dem ν_o des Hilfssatzes entsprechen, so daß die Aussage dieses Hilfssatzes auf den Bereichen $G_\nu := \mathring{K}_\nu \subset\subset G$ ($\nu \in \mathbb{N}$) gilt. Mit $F_\nu(z) := \lim_{k\to\infty} \prod_{\mu=n_\nu+1}^{n_\nu+k} (1 - g_\mu(z))$ erhält man nach dem Satz von Weierstrass auf G_ν holomorphe Funktionen F_ν ohne Nullstellen. Setzt man dann:

$$F(z) := (1 - g_1(z)) \;\ldots\; (1 - g_{n_\nu}(z))F_\nu(z),$$
$$\text{falls } z \in G_\nu,$$

so hat man eine auf G nicht identisch verschwindende holomorphe Funktion $F : G \longrightarrow \mathbb{C}$ gefunden, für die offenbar in den Punkten z^ν gilt: $(D^\alpha F)(z^\nu) = 0$ für alle $\alpha \in \mathbb{N}_o^n$ mit $|\alpha| < \nu$; denn F "enthält" den Faktor $(1 - \tilde{g}_\nu)^\nu$. Sei nun $w \in G$ ein Punkt mit rationalen Koordinaten, so gibt es eine natürliche Zahl ν_o und eine Teilfolge $\{w_{\nu(\mu)}\}_{\mu=1}^\infty$ von $\{w_\nu\}$ mit: $w = \zeta_{\nu_o} = w_{\nu(\mu)}$. Wegen $\nu(\mu) \geq \mu$ und $z^{\nu(\mu)} \in U(w,\Delta_G(w))$ folgt dann mit der Setzung $w^\mu := z^{\nu(\mu)}$, sofort die Behauptung des Satzes.

Genügt ein Gebiet G im $\mathbb{C}^n$ der Konklusion von Satz 8, so erwartet man, daß G schon Existenzgebiet einer holomorphen Funktion ist. Dies wird jetzt formuliert und bewiesen.

Satz 9:

Gegeben sei ein Gebiet $G \subsetneq \mathbb{C}^n$, eine offene Umgebung $U = U(\partial G)$ des Randes ∂G von G, eine dichte Teilmenge $\{\zeta_\nu : \nu \in \mathbb{N}\}$ von $U \cap G$, Folgen $\{\zeta_{\nu,\mu}\}_{\mu=1}^{\infty}$ in den Kugeln $U(\zeta_\nu, \Delta_G(\zeta_\nu))$ und eine nicht identisch verschwindende holomorphe Funktion $f : G \longrightarrow \mathbb{C}$ mit der Eigenschaft: $(D^\alpha f)(\zeta_{\nu,\mu}) = 0$ für alle $\alpha \in \mathbb{N}_0^n$ mit $|\alpha| < \mu$. Dann ist G Existenzgebiet dieser holomorphen Funktion f.

Beweis:

Nimmt man an, daß G nicht Existenzgebiet der Funktion f ist, so findet man sicher ein Paar (U_1, U_2) offener Mengen mit $\emptyset \neq U_1 \subset U_2 \cap G \subsetneq U_2$, wobei U_2 zusammenhängend ist, und eine auf U_2 holomorphe Funktion $g : U_2 \longrightarrow \mathbb{C}$ mit $g|_{U_1} \equiv f|_{U_1}$. Für einen Punkt $z^0 \in U_1$ betrachte man das Gebiet $U_3 := ZK(U_2 \cap G; z^0)$; auf U_3 gilt dann wegen des Identitätssatzes: $f \equiv g$. Mit Zusammenhangsargumenten findet man leicht einen Punkt $z^1 \in \partial G \cap \partial U_3 \cap U_2$. Wählt man dann eine hinreichend kleine positive Zahl ε, so daß $U(z^1, \varepsilon) \subset\subset U_2 \cap U$ gilt, so gibt es in $U(z^1, \frac{\varepsilon}{2}) \cap U_3$ einen Punkt ζ_{ν_0}. Es gilt: $U(\zeta_{\nu_0}, \Delta_G(\zeta_{\nu_0})) \subset U_3 \cap U(z^1, \varepsilon) \subset\subset U_2$. Also gibt es eine konvergente Teilfolge $\{\zeta_{\nu_0,\nu(\mu)}\}_{\mu=1}^{\infty}$ von $\{\zeta_{\nu_0,\nu}\}$ mit $\zeta_{\nu_0,\nu(\mu)} \xrightarrow[\mu\to\infty]{} \zeta_0 \in U_2$ für einen Punkt ζ_0. Also folgt per Konstruktion für einen Index $\alpha \in \mathbb{N}_0^n$:

$$0 = (D^\alpha f)(\zeta_{\nu_0,\nu(\mu)}) = (D^\alpha g)(\zeta_{\nu_0,\nu(\mu)}) \xrightarrow[\mu\to\infty]{} (D^\alpha g)(\zeta_0),$$

falls μ nur hinreichend groß ist. Damit verschwindet wegen des

Identitätssatzes g auf U_2 identisch; also muß auch die Funktion f auf G identisch verschwinden, was den Voraussetzungen an f widerspricht.

I 2.7: Zusammenfassung

Alle erhaltenen Resultate sollen im folgenden Satz zusammengestellt werden.

Hauptsatz:

Für ein Gebiet $G \subsetneqq \mathbb{C}^n$ sind folgende Aussagen äquivalent:

a) G ist Existenzgebiet einer auf G holomorphen Funktion.

b) G ist Holomorphiegebiet.

c) G ist in jeder Richtung metrisch-konvex.

d) G ist metrisch-konvex bezüglich Δ_G (bzw. δ_G).

e) G genügt dem starken Kontinuitätsprinzip bezüglich Δ_G (bzw. δ_G).

f) G ist holomorph-konvex.

g) Zu jeder Randpunktfolge in G gibt es eine in G holomorphe, auf dieser Folge unbeschränkte Funktion.

h) Es gibt eine auf G holomorphe Funktion, die für jeden Punkt $z \in G$ mit rationalen Koordinaten auf einer geeigneten Punktfolge in der Kugel $U(z,\Delta_G(z))$ unbeschränkt ist.

i) Auf G existiert eine holomorphe Funktion $f : G \longrightarrow \mathbb{C}$, $f \not\equiv 0$, so daß die Kugeln $U(z,\Delta_G(z))$ um Punkte $z \in G$ mit rationalen Koordinaten Punktfolgen $\{z^\nu\}_{\nu=1}^\infty$ enthalten mit der Eigenschaft: $(D^\alpha f)(z^\nu) = 0$ für alle $\alpha \in \mathbb{N}_0^n$ mit $|\alpha| < \nu$.

I 2.8: Erhaltungssätze

Satz 1o:

Ist $\{G_i\}$ eine Familie von Holomorphiegebieten, und ist G eine Zusammenhangskomponente von $\overset{\circ}{\widehat{\bigcap G_i}}$, dann ist auch G ein Holomorphiegebiet.

Beweis:

Lemma 2.

Satz 11:

Ist $\{G_\nu\}_{\nu\in\mathbb{N}}$ eine Folge von Holomorphiegebieten $G_\nu \subset G_{\nu+1}$, so ist das Vereinigungsgebiet $G = \bigcup_{\nu=1}^{\infty} G_\nu$ ein Holomorphiegebiet.

Ein Beweis dieses von Behnke und Stein bewiesenen Satzes soll hier nicht direkt geliefert werden. Der Beweis wird sich nach Kapitel III sofort aus Kapitel II ergeben.

Weiter gilt:

Satz 12:

Seien $G_1 \subset \mathbb{C}^{n_1}$ und $G_2 \subset \mathbb{C}^{n_2}$ Holomorphiegebiete, so ist auch das Gebiet $G_1 \times G_2 \subset \mathbb{C}^{n_1+n_2}$ ein Holomorphiegebiet.

Beweis:

O.B.d.A. kann $G_1 \times G_2 \subsetneqq \mathbb{C}^{n_1+n_2}$ vorausgesetzt werden. Ist dann $\{(z^\nu, w^\nu)\}_{\nu=1}^{\infty}$ eine Randpunktfolge von $G_1 \times G_2$ ($z^\nu \in G_1, w^\nu \in G_2$), so kann ohne Einschränkung $z^\nu \xrightarrow[\nu\to\infty]{} z^o \in \partial G_1$ angenommen werden. Nach Voraussetzung findet man also eine holomorphe Funktion $f : G_1 \longrightarrow \mathbb{C}$, die auf $\{z^\nu\}$ unbeschränkt ist. Mit $g(z,w) := f(z)$ hat man eine auf $G_1 \times G_2$ holomorphe Funktion erhalten, die auf $\{(z^\nu,w^\nu)\}$ unbeschränkt ist; also ist $G_1 \times G_2$ ein Holomorphiegebiet.

Als letztes soll das Verhalten von Holomorphiegebieten gegenüber biholomorphen Abbildungen geklärt werden.

Satz 13:

Ist $\phi : G \longrightarrow G'$ eine biholomorphe Abbildung zwischen den Gebieten G und G' im $\mathbb{C}^n$, so ist unter der Voraussetzung, daß G ein Holomorphiegebiet ist, auch G' ein Holomorphiegebiet.

Da der Beweis sehr einfach ist, wird auf ihn verzichtet. Es soll aber bemerkt werden, daß es polynom-konvexe Gebiete gibt, die durch eine biholomorphe Abbildung in nicht polynomkonvexe Gebiete übergehen. Ein solches Beispiel im $\mathbb{C}^3$ wurde von Wermer angegeben.

§ 3 Beispiele

I 3.1: Gebiete der Ebene

Satz 1:

Jedes Gebiet der komplexen Ebene ist ein Holomorphiegebiet.

Beweis:

Zum Beispiel gibt es zu jedem Randpunkt z^o von $G \neq \mathbb{C}^n$ die auf G holomorphe Funktion $f_{z^o}(z) = (z - z^o)^{-1}$, die in z^o unendlich wird.

I 3.2: Konvexe Gebiete im $\mathbb{C}^n$

Sei $G \subsetneq \mathbb{C}^n \equiv \mathbb{R}^{2n}$ ein konvexes Gebiet, so findet man zu jedem Randpunkt z^o von G reelle Punkte $a,b \in \mathbb{R}^n$, so daß gilt:

$$G \subset \{z = x + iy \in \mathbb{C}^n : \sum_{\nu=1}^{n} a_\nu(x_\nu - x_\nu^o) + \sum_{\nu=1}^{n} b_\nu(y_\nu - y_\nu^o) < 0\};$$

G liegt also auf einer Seite der durch a und b bestimmten Hyperebene durch z^o. Mit dieser Bemerkung folgt:

Satz 2:

Jedes konvexe Gebiet G im $\mathbb{C}^n$ ist ein Holomorphiegebiet.

Beweis:

Sei o.B.d.A. $G \neq \mathbb{C}^n$ und z^o ein Randpunkt von G. Mit obigen Bezeichnungen betrachte man die auf G holomorphe Funktion

$$f(z) := \left[\sum_{j=1}^{n} (a_j - ib_j)(z_j - z_j^o)\right]^{-1},$$

die im Punkte z^o "unendlich wird". Also folgt die Behauptung.

I 3.3: Analytische Polyeder

Man definiert:

Definition 1:

Sei $G \subset\subset \mathbb{C}^n$ ein Gebiet. G heißt "analytisches Polyeder", falls es eine Umgebung $U = U(\overline{G})$ von $\overline{G}$ und endlich viele holomorphe Funktionen $f_1, \ldots, f_k : U \longrightarrow \mathbb{C}$ gibt, so daß G sich wie folgt in U darstellt:

$$G = \{z \in U : |f_i(z)| < 1 \quad \text{für} \quad 1 \leq i \leq k\}.$$

Analytische Polyeder sind Verallgemeinerungen der gewöhnlichen Polyzylinder. Zudem gilt, wie noch bemerkt werden sollte, daß jedes Holomorphiegebiet aufsteigende Vereinigung analytischer Polyeder ist, wie man sofort mit Hilfe der Holomorphkonvexität beweisen kann. Mit dem gleichen Kriterium beweist man auch:

Satz 4:

Jedes analytische Polyeder ist ein Holomorphiegebiet.

I 3.4: Logarithmisch-konvexe vollkommene Reinhardtsche Gebiete

Es gilt der folgende Satz, dessen Beweis nur skizziert werden

Satz 5:

Jedes logarithmisch-konvexe vollkommene Reinhardtsche Gebiet ist monom-konvex, ist also auch ein Holomorphiegebiet.

Beweisskizze:

Sei $K \subset G$ ein vorgegebenes Kompaktum mit $\pi(K) \cap \mathbb{R}^n_{>0} \neq \emptyset$. Mit K_1 werde folgende reelle Menge bezeichnet:

$$K_1 = \{x \in \mathbb{R}^n : x = (\log y_1, \ldots, \log y_n) \text{ und } y \in \pi(K) \cap \mathbb{R}^n_{>0}\} \subset \check{G}.$$

Wegen der Konvexität von $\check{G}$ liegt dann auch die konvexe Hülle K_2 von K_1 in $\check{G}$. Bezeichnet man mit $K' = \overline{\pi^{-1}\{x \in \mathbb{R}^n_{>0} : (\log x_1, \ldots, \log x_n) \in K_2\}}$, so sieht man leicht, da die linearen Funktionen in den Variablen $\log x_i$ den Monomen im $\mathbb{C}^n$ entsprechen, daß K' die monom-konvexe Hülle von K in G ist, und daß $K' \subset\subset G$ gilt, was zu beweisen war.

I 3.5: Das Reinhardtsche Dreieck

Von folgendem Gebiet G im $\mathbb{C}^2$:

$$G := \{z = (z_1, z_2) \in \mathbb{C}^2 : |z_2| < |z_1| < 1\}$$

soll noch gezeigt werden, daß es ein Holomorphiegebiet ist. Also: Ist $z^0 = (z_1^0, z_2^0)$ ein Randpunkt von G mit $|z_1^0| = 1$, so wird durch $f_{z^0}(z) := (z_1 - z_1^0)^{-1}$ eine auf G holomorphe Funktion gegeben, die in z^0 unendlich wird. Dasselbe gilt mit einem Randpunkt $z^o = (z_1^o, z_2^o)$ mit $z_2^o = e^{i\Theta} z_1^o$ für die Funktion $f_{z^o}(z) = (z_2 - e^{i\Theta} z_1)^{-1}$. Somit folgt, daß G ein Holomorphiegebiet ist.

Es soll noch bemerkt werden, daß G zwar ein logarithmisch-konvexes, aber kein vollkommenes Reinhardtsches Gebiet ist. Ferner gilt: enthält ein Holomorphiegebiet G' den Abschluß $\overline{G}$ des Reinhardtschen Dreiecks, so umfaßt G' bereits den Abschluß des Einheitspolyzylinders.

Literaturhinweis zu Kapitel I:

Da der § 1 nur als Einführung diente, wurde auf die genauen Beweise verzichtet. Eine ausführliche Darstellung der Theorie der Reinhardtschen Gebiete findet man zum Beispiel in [XII], [XXIX] und (1).

Die Theorie der Holomorphiegebiete und deren äquivalente Beschreibungen wurde von Behnke, Oka, Stein und Thullen ([III], [XXIII] und (3)) entwickelt; dagegen geht die hier gebrachte Formulierung des Satzes von Cartan-Thullen (Satz 2, § 2) auf Bremermann (6) zurück. Auf dieser Theorie aufbauend konnten Behnke-Stein (2) den Satz 11, § 2 mit Hilfe des Weil-Integrals beweisen.

Das Beispiel von Wermer findet man in (32), ebenso in [XIII].

Kapitel II   Pseudokonvexität

In diesem Kapitel sollen notwendige geometrische Bedingungen für Holomorphiegebiete studiert werden. Dazu bedarf es einiger Vorbereitungen, die im ersten Paragraphen abgehandelt werden sollen.

§ 1   Plurisubharmonische Funktionen

II 1.1: Harmonische Funktionen

Die C^2-Funktionen über einem reellen Intervall $[a,b]$ mit verschwindender 2. Ableitung sind genau die linearen Funktionen $t \longrightarrow \alpha t + \beta$. Hier soll kurz die entsprechende Klasse von Funktionen über der komplexen Ebene untersucht werden.

Definition 1:

Eine über einer offenen Teilmenge $B \subset \mathbb{C}$ definierte Funktion $u : B \longrightarrow \mathbb{R}$ heißt "harmonisch", falls folgende Bedingungen erfüllt sind:

a) $u \in C^2(B)$ und

b) $\Delta u := \frac{\partial^2 u}{\partial x^2} + \frac{\partial^2 u}{\partial y^2} \equiv 0$ auf B.

Bemerkung: Bezeichne H(B) alle auf B harmonischen Funktionen, so ist H(B) offenbar ein $\mathbb{R}$-Vektorraum. Eine umfassende Charakterisierung harmonischer Funktionen gibt der folgende Satz.

Satz 1:

Sei $U(z^o,r) = \{z \in \mathbb{C} : |z - z^o| < r\}$ eine Kreisscheibe der komplexen Ebene, und sei $u : U(z^o,r) \longrightarrow \mathbb{R}$ eine reelle Funktion, so gilt: u ist genau dann harmonisch auf $U(z^o,r)$, wenn u Realteil einer auf $U(z^o,r)$ holomorphen Funktion ist.

Beweis:

"$\Longleftarrow$": Hat die holomorphe Funktion $f : U(z^o,r) \longrightarrow \mathbb{C}$ die Funktion u als Realteil - $f = u + iv$ -, so folgt aus der klassischen Funktionentheorie:

1) $u \in C^2(U(z^o,r))$ und

2)
$$\Delta u = \frac{\partial^2 u}{\partial x^2} + \frac{\partial^2 u}{\partial y^2} \qquad \text{(Cauchy-Riemann-Dgl.)}$$
$$= \frac{\partial}{\partial x}\left(\frac{\partial v}{\partial y}\right) + \frac{\partial}{\partial y}\left(- \frac{\partial v}{\partial x}\right)$$
$$= 0$$

"$\Longrightarrow$": Man betrachtet folgende Differentialform mit C^1-Koeffizienten auf $U(z^o,r)$: $w := - u_y\, dx + u_x\, dy$. Dann gilt wegen: $dw = - u_{yy}\, dy \wedge dx + u_{xx}\, dx \wedge dy = \Delta u\, dx \wedge dy = 0$ nach dem Poincaré-Lemma für eine geeignete C^1-Funktion $v : U(z^o,r) \longrightarrow \mathbb{R}$:

$dv = w$ oder $-u_y = v_x$ und $u_x = v_y$. Mit $f := u + iv \in C^1(U(z^o,r))$ und $\frac{\partial f}{\partial \bar{z}} \equiv 0$ hat man eine holomorphe Funktion $f : U(z^o,r) \longrightarrow \mathbb{C}$ gefunden, deren Realteil mit u übereinstimmt. Damit ist Satz 1 vollständig bewiesen.

Mit Hilfe von Satz 1 liefert die klassische Funktionentheorie folgendes Maximumprinzip für harmonische Funktionen.

Folgerung 1.1:

Sei $u : G \longrightarrow \mathbb{R}$ eine auf dem Gebiet $G \subset \mathbb{C}$ harmonische Funktion, die in einem Punkt $z^o \in G$ ihr Maximum annimmt, so ist u bereits konstant auf G.

Beweis:

Man wähle eine Kreisscheibe $U(z^o,r) \subset\subset G$. Nach Satz 1 existiert also eine holomorphe Funktion $f : U(z^o,r) \longrightarrow \mathbb{C}$ mit $\operatorname{Re} f = u$. Ist dann $u \not\equiv$ konstant auf $U(z^o,r)$, so ist f eine offene Abbildung, was der Voraussetzung "$u(z^o)$ ist maximal" widerspricht. Also gilt auf $U(z^o,r) : u \equiv u(z^o)$. Weiter zeigt man sofort, daß die Menge

$$M := \{z \in G : u(z) = u(z^o)\}$$

eine nicht-leere, in G abgeschlossene Teilmenge von G ist. Da man aus den ersten Betrachtungen sofort schließt, daß M offen ist, folgt wegen des Zusammenhangs von $G : M = G$; also ist diese Folgerung bewiesen.

Reelle Methoden liefern sogar folgende Aussage:

<u>Satz 2:</u>

Für eine über dem Gebiet $G \subset \mathbb{C}$ definierte C^2-Funktion $u : G \longrightarrow \mathbb{R}$ mit $\Delta u \geq 0$ gilt: ist $B \subset\subset G$ ein Teilbereich von G, so folgt:

$$\sup_{z \in \overline{B}} u(z) = \sup_{z \in \partial B} u(z).$$

Beweis:

1) Zusätzlich sei $\Delta u > 0$ auf G vorausgesetzt: Gäbe es einen Punkt $z^0 \in B$ mit: $u(z^0) \geq u(z)$ für alle $z \in B$, so würde $\Delta u(z^0) \leq 0$ folgen, da u auf beiden Koordinatenachsen durch z^0 das Maximum in z^0 annimmt. Dies widerspricht aber $\Delta u > 0$.

2) Statt u betrachtet man die Hilfsfunktionen $u_\varepsilon : G \longrightarrow \mathbb{R}$ $(\varepsilon > 0)$ mit $u_\varepsilon(z) := u(z) + \varepsilon(x^2 + y^2)$. Mit 1) folgt dann:

$$\begin{array}{ccc} \sup\limits_{z \in B} u_\varepsilon(z) & = & \sup\limits_{z \in \partial B} u_\varepsilon(z) \\ \big\downarrow \varepsilon \to 0 & & \big\downarrow \varepsilon \to 0 \\ \sup\limits_{z \in B} u(z) & = & \sup\limits_{z \in \partial B} u(z). \end{array}$$

Also ist Satz 2 bewiesen.

Mit Satz 1 und der Cauchy-Integralformel gelingt es, den folgenden Satz über die Mittelwerteigenschaft harmonischer Funktionen zu beweisen.

Satz 3:

Für eine stetige Funktion $u : \overline{U(z^o,r)} \longrightarrow \mathbb{R}$, die im Innern der Kreisscheibe $U(z^o,r)$ harmonisch ist, gilt:

$$u(z^o) = \frac{1}{2\pi} \int_0^{2\pi} u(z^o + re^{it})dt.$$

Beweis:

Nach Satz 1 gibt es eine holomorphe Funktion $f : U(z^o,r) \longrightarrow \mathbb{C}$ mit $\operatorname{Re} f \equiv u|_{U(z^o,r)}$. Nun folgt für eine beliebige reelle Zahl $0 < r' < r$ mit der Cauchy-Integralformel:

$$f(z^o) = \frac{1}{2\pi} \int_0^{2\pi} f(z^o + r'e^{it})dt.$$

Aufspaltung in die Realteile und Grenzübergang $r' \longrightarrow r$ liefern dann die Behauptung.

Bemerkungen:

a) Stetige Funktionen mit obiger Mittelwerteigenschaft sind harmonisch.

b) Das Maximumprinzip ist auch mit Satz 3 herleitbar.

c) Statt der Mittelwertformel von Satz 3 läßt sich auch folgende stärkere Integralformel, die sogenannte Poissonformel, beweisen.

Unter den Voraussetzungen von Satz 3 gilt für alle Punkte $z = z^o + \rho e^{i\Theta}$ $(0 \leq \Theta \leq 2\pi$ und $0 \leq \rho < r)$ folgende Darstellung:

$$u(z) = \frac{1}{2\pi} \int_0^{2\pi} \frac{u(z^0+re^{it})(r^2-\rho^2)}{r^2-2\rho r\cos(\theta-t)+\rho^2}\,dt \quad .$$

Aus der Potentialtheorie ist das Dirichlet-Problem wohlbekannt; es lautet etwa in einem Spezialfall: Gibt es zu jeder stetigen Funktion $f : \partial E \longrightarrow \mathbb{R}$ auf dem Rande ∂E des Einheitskreises E der komplexen Ebene eine stetige Funktion $F : \overline{E} \longrightarrow \mathbb{R}$, die auf E harmonisch ist, und die mit f auf ∂E übereinstimmt? Hier soll allerdings etwas weniger als die Lösbarkeit dieses Problems bewiesen werden; genau geht es um folgenden Satz:

Satz 4:

Sei $f : \partial E \longrightarrow \mathbb{R}$ eine stetige Funktion über dem Rand des Einheitskreises $E \subset \mathbb{C}$, dann gilt: zu jeder positiven Zahl $\varepsilon > 0$ gibt es ein komplexes Polynom $P \in \mathbb{C}[z]$ mit folgender Eigenschaft: $||\text{Re } P - f||_{\partial E} < \varepsilon$.

Beweis:

Für die Algebra $A := \{f : \partial E \longrightarrow \mathbb{C} \text{ stetig}\}$ der stetigen, komplexwertigen Funktionen über ∂E und deren Unteralgebra $A' := \{P(z,\overline{z}) \in \mathbb{C}[z,\overline{z}]\}$ der komplexen Polynome in z und $\overline{z}$ sind die Voraussetzungen des Approximationssatzes von Stone-Weierstraß erfüllt; d.h. es gilt: A' ist abgeschlossen bezüglich Bildung des Konjugiertkomplexen, und A' trennt die Punkte von ∂E. Mit dem zitierten Satz liegt also A' dicht in A; daraus folgt die Existenz eines Polynoms

$$P(z,\overline{z}) = \sum_{\nu=0}^{n} a_\nu z^\nu + \sum_{\nu=1}^{n} b_\nu \overline{z}^\nu,$$

mit der Eigenschaft: $||P - f||_{\partial E} < \varepsilon$; also auch mit: $||\mathrm{Re}\, P - f||_{\partial E} < \varepsilon$. Wegen $\overline{z} = z^{-1}$ auf ∂E folgt auf ∂E:

$$P(z,\overline{z}) = \sum_{\nu=-n}^{n} \alpha_\nu z^\nu$$

mit geeigneten Koeffizienten $\alpha_\nu = \alpha_\nu' + i\alpha_\nu''$; dann gilt auf ∂E:

$$\mathrm{Re}\, P(z,\overline{z}) = \sum_{\nu=-n}^{n} [\alpha_\nu' \cos \nu t - \alpha_\nu'' \sin \nu t] \quad (z = e^{it})$$

$$= \sum_{\nu=1}^{n} [(\alpha_\nu' + \alpha_{-\nu}')\cos \nu t - (\alpha_\nu'' - \alpha_{-\nu}'')\sin \nu t] + \alpha_0'$$

$$= \sum_{\nu=0}^{n} [c_\nu' \cos \nu t - c_\nu'' \sin \nu t]$$

mit geeigneten reellen Zahlen c_ν' und c_ν''. Setzt man $Q(z) := \sum_{\nu=0}^{n} c_\nu z^\nu$ mit $c_\nu := c_\nu' + ic_\nu'' \in \mathbb{C}$, so gilt auf ∂E: $\mathrm{Re}\, Q(z) = \mathrm{Re}\, P(z)$, und damit

$$||\mathrm{Re}\, Q - f||_{\partial E} < \varepsilon.$$

Der Satz ist bewiesen.

Als Zusatz zu Satz 4 ergibt sich mit Hilfe des Maximumprinzips für harmonische Funktionen sofort:

<u>Korollar 4.1:</u>

Ist $f : \overline{E} \longrightarrow \mathbb{R}$ eine stetige, auf E harmonische Funktion, so

gibt es für jede positive Zahl ε ein komplexes Polynom
$P \in \mathbb{C}[z]$ mit: $||\text{Re } P - f||_{\overline{E}} < \varepsilon$.

Mit dem Satz 4 und der Bemerkung b) zu Satz 3 läßt sich dann die Bemerkung a) zu Satz 3 beweisen, woraus dann sehr leicht die exakte Lösung des Dirichlet-Problems folgt. Auf eine Darstellung dieses Beweises soll hier verzichtet werden, da das bereit gestellte Material für das Folgende voll ausreicht.

II 1.2: Halbstetige Funktionen

Stetigkeit einer reellen Funktion f bedeutet doch, daß sich die Funktionswerte (lokal) nur geringfügig ändern, d.h. nur um weniges größer und nur um weniges kleiner werden. Dagegen werden hier Funktionen benötigt, die diese Eigenschaft nur in einer "Richtung" besitzen, d.h. die lokal nur um weniges größer werden, aber beliebige "Sprünge nach unten" machen dürfen.
Man definiert:

Definition 2:

Seien $M \subset \mathbb{R}^n$ eine Teilmenge, $u : M \longrightarrow \mathbb{R}_{-\infty} := \mathbb{R} \cup \{-\infty\}$ und $z^0 \in M$.

a) Die Funktion u heißt "halbstetig nach oben in z^0", falls für jede reelle Zahl $r > u(z^0)$ eine Umgebung $U = U(z^0)$ von z^0 existiert, so daß auf $U \cap M$ gilt: $u(z) < r$.

b) u heißt "halbstetig nach oben auf M", falls u in jedem Punkt von M nach oben halbstetig ist.

Folgende Eigenschaften halbstetiger Funktionen sind leicht zu beweisen; der Beweis sei also dem Leser überlassen.

<u>Satz 5:</u>

a) Seien $u,v : M \longrightarrow \mathbb{R}_{-\infty}$ nach oben halbstetige Funktionen über einer Teilmenge M des $\mathbb{R}^n$; α sei eine positive reelle Zahl. Dann sind auch die Funktionen $u + v$, αu, $\max(u,v)$ und $\min(u,v)$ nach oben halbstetig auf M.

b) Sei $\{u_\nu\}_{\nu=1}^{\infty}$ eine monoton fallende Folge von nach oben halbstetigen Funktionen auf M, so ist auch die Grenzfunktion $u := \lim u_\nu$ nach oben halbstetig.

c) Sei $u : M \longrightarrow \mathbb{R}_{-\infty}$ eine nach oben halbstetige Funktion über dem Kompaktum $M \subset \mathbb{R}^n$. Dann gilt:

1) u ist nach oben beschränkt;

2) für einen Punkt $x^o \in M$ gilt: $u(x^o) = \sup_{x \in M} u(x)$;

3) u ist Grenzfunktion einer monoton fallenden Folge $\{u_\nu\}_{\nu=1}^{\infty}$ von auf M stetigen Funktionen $u_\nu : M \longrightarrow \mathbb{R}$.

Beweis:

Wie bereits oben erwähnt, entnehme man die Beweise zu a), b), c) 1), und c) 2) direkt der Definition 2. Es soll die Aussage c) 3) gezeigt werden: O.B.d.A. gelte $u \not\equiv -\infty$. Man setze auf M:

$$u_\nu(x) := \sup_{y \in M} (u(y) - \nu|x - y|)$$

für jede natürliche Zahl ν. Behauptung: die Funktionen

$u_\nu : M \longrightarrow \mathbb{R}$ sind stetig. Denn: Für Punkte x, y und x' von M gilt:

$$u(x') - \nu|x-x'| - u_\nu(y) \leq u(x') - \nu|x-x'| - u(x') + \nu|y-x'|$$

$$\leq \nu|y - x|.$$

Der Übergang zum Supremum liefert dann

$$u_\nu(x) - u_\nu(y) \leq \nu|x - y|,$$

woraus wegen der Symmetrie der vorliegenden Situation mit $|u_\nu(x) - u_\nu(y)| \leq \nu|x - y|$ die Behauptung folgt. Behauptung: $C \geq u_\nu \geq u_{\nu+1} \geq u$ mit $C := \sup u$. Denn: Offenbar gilt folgende Ungleichungskette:

$$C \geq u_\nu(x) = \sup_{x' \in M} (u(x') - \nu|x - x'|) \geq u_{\nu+1}(x) \geq u(x).$$

Als letztes wird behauptet: $u_\nu(x) \searrow u(x)$ für alle $x \in M$. Denn: Es gibt zwei Fälle, die getrennt behandelt werden:

a) $u(x^o) > -\infty$:

Mit der Aussage c) 2) findet man Punkte $x(\nu) \in M$, für die gilt:

$$u_\nu(x^o) = u(x(\nu)) - \nu|x(\nu) - x^o|.$$

Also folgt, da $u(x^o) > -\infty$: $x(\nu) \underset{\nu\to\infty}{\longrightarrow} x^o$. Wegen der Halbstetigkeit von u gibt es zu $\varepsilon > 0$ eine positive Zahl δ, so daß gilt:

$$u(x(\nu)) < u(x^0) + \varepsilon,$$

falls $|x(\nu) - x^0| < \delta$; also folgt für $\nu \geq \nu_0$ mit geeignetem $\nu_0 = \nu_0(\delta)$:

$$u_\nu(x^0) < u(x^0) + \varepsilon,$$

d.h. aber $u_\nu(x^0) \searrow u(x^0)$.

b) $u(x^0) = -\infty$:

Setzt man auf M:

$$g_N(x) := \begin{cases} u(x), & \text{falls } u(x) \geq -N \\ -N, & \text{falls } u(x) < -N \end{cases} \quad \text{mit } N \in \mathbb{N}$$

so gilt: $\{g_N\}$ ist eine monoton fallende Folge von auf M nach oben halbstetigen Funktionen mit der Funktion u als Grenzfunktion. Wegen des bisher Gesagten gilt für die Funktionenfolge $\{g_{N,\nu}\}_{\nu=1}^{\infty}$ mit $g_{N,\nu}(x) := \sup_{y \in M} (g_N(y) - \nu|x - y|)$:

$$g_{N,\nu}(x^0) \underset{\nu\to\infty}{\searrow} g_N(x^0) = -N.$$

Wegen $g_{N,\nu} \geq u_\nu$ folgt dann sofort: zu einer reellen Zahl $r \in \mathbb{R}$ gibt es $\nu_0 \in \mathbb{N}$ und $N_0 \in \mathbb{N}$ mit $-N_0 < r$, so daß für $\nu \geq \nu_0$ gilt:

$$r > g_{N_0,\nu}(x^0) \geq u_\nu(x^0);$$

d.h. aber: $u_\nu(x^0) \searrow u(x^0) = -\infty$. Damit ist Satz 5 bewiesen.

Folgender Satz beschreibt, wie man Funktionen allgemeiner Art "halbstetig glätten" kann; es gilt:

Satz 6:

Sei $f : M \longrightarrow \mathbb{R}_{-\infty}$ eine über der offenen Teilmenge $M \subset \mathbb{R}^n$ gegebene, lokal nach oben beschränkte Funktion, dann gilt: die Funktion $f^* : M \longrightarrow \mathbb{R}_{-\infty}$, die durch $f^*(x) := \overline{\lim_{x' \to x}} f(x')$ definiert wird, ist die kleinste nach oben halbstetige Majorante von f.

Der Beweis dieser Eigenschaft sei dem Leser überlassen.

Die Funktion f^* heißt "die nach oben halbstetige Regularisierte von f" (kurz: "obere Regularisierte von f").

Am Schluß dieses Abschnittes sei noch an folgende Tatsache der Lebesgue-Integrationstheorie erinnert:

Wiederholung:

Sei $\varphi : K \longrightarrow \mathbb{R}_{-\infty}$ eine nach oben halbstetige Funktion auf dem Kompaktum $K \subset \mathbb{R}^n$, so gilt:

a) $\int^* \varphi \, d\lambda(x) = \int_* \varphi \, d\lambda(x)$, wobei $\int^*$ bzw. $\int_*$ das obere bzw. untere Lebesgue-Integral bezeichne;

b) φ ist integrabel $\Longleftrightarrow$ $\int^* \varphi \, d\lambda(x) \in \mathbb{R}$;

c) wenn φ integrabel ist, so gilt: $\int_K \varphi \, d\lambda(x) = \int^* \varphi \, d\lambda(x)$.

Für das Folgende setzt man nun:

$$\int_K \varphi \, d\lambda(x) := \begin{cases} -\infty, & \\ & \text{falls} \\ \int_K \varphi \, d\lambda(x), & \end{cases} \begin{matrix} \varphi \text{ nicht integrabel} \\ \\ \varphi \text{ integrabel} \end{matrix} \quad \text{ist.}$$

Mit dieser Konvention ist das Integral einer nach oben halbstetigen Funktion über Kompakta stets erklärt.

II 1.3: Subharmonische Funktionen

In II 1.1 hatte man als ebenes Analogon zu den linearen Funktionen die harmonischen entdeckt. Bekannt ist weiter der Begriff der konvexen Funktion über einem reellen Intervall I:
$u : I \longrightarrow \mathbb{R}$ heißt konvex: $\Longleftrightarrow$ wenn für jedes Teilintervall $[a,b] \subset I$ und für jede lineare Funktion $l : \mathbb{R} \longrightarrow \mathbb{R}$ mit $l(a) \geq u(a)$ und $l(b) \geq u(b)$ gilt: $l(t) \geq u(t)$ auf ganz $[a,b]$.

In Analogie dazu betrachtet man hier die subharmonischen Funktionen.

Definition 3:

Sei $B \subset \mathbb{C}$ eine offene Menge, und sei $u : B \longrightarrow \mathbb{R}_{-\infty}$ eine nach oben halbstetige Funktion. u heißt "subharmonisch auf B", falls für jedes Teilgebiet $B' \subset\subset B$ und jede stetige Funktion $h : \overline{B'} \longrightarrow \mathbb{R}$, die in B' harmonisch ist und folgender Ungleichung genügt: $h|_{\partial B'} \geq u|_{\partial B'}$, gilt: $h \geq u|_{\overline{B'}}$.

Dieser Definition entnimmt man sofort, daß die Funktion $u \equiv -\infty$ auf jedem Bereich der komplexen Ebene subharmonisch ist.

Definition 3':

Sei $u : B \longrightarrow \mathbb{R}_{+\infty} := \mathbb{R} \cup \{+\infty\}$ eine nach unten halbstetige Funktion; d.h. $-u$ ist halbstetig nach oben. u heißt "superharmonisch", falls die Funktion $-u : B \longrightarrow \mathbb{R}_{-\infty}$ subharmonisch ist.

Direkt aus der Definition lassen sich folgende Eigenschaften von subharmonischen Funktionen herleiten, die hier ohne Beweis angegeben werden.

Satz 7:

a) Ist $u : B \longrightarrow \mathbb{R}_{-\infty}$ subharmonisch, so auch die Funktion $\alpha \cdot u : B \longrightarrow \mathbb{R}_{-\infty}$ mit $\alpha > 0$.

b) Die Grenzfunktion $u : B \longrightarrow \mathbb{R}_{-\infty}$ einer monoton fallenden Folge von subharmonischen Funktionen $u_\nu : B \longrightarrow \mathbb{R}_{-\infty}$ ist subharmonisch.

c) Ist $\{u_\alpha\}_{\alpha \varepsilon A}$ eine lokal nach oben beschränkte Familie subharmonischer Funktionen $u_\alpha : B \longrightarrow \mathbb{R}_{-\infty}$ $(\alpha \varepsilon A)$, so ist auch die Funktion $(\sup_{\alpha \varepsilon A} u_\alpha)^* : B \longrightarrow \mathbb{R}_{-\infty}$ subharmonisch.

Wie in II 1.1 bemerkt wurde, lassen sich die harmonischen Funktionen mit Hilfe des Mittelwertsatzes (Satz 3) charakterisieren. Eine ähnliche Beschreibung der subharmonischen Funktionen wird jetzt in den beiden folgenden Sätzen gegeben. Zunächst gilt:

<u>Satz 8:</u>

$u : G \longrightarrow \mathbb{R}_{-\infty}$ sei eine über dem Gebiet $G \subset \mathbb{C}$ subharmonische Funktion; $u(z^0) > -\infty$; $U(z^0,r) \subset\subset G$ sei ein samt Abschließung in G gelegener Kreis. Dann ist die Funktion $[0,2\pi] \ni t \longrightarrow u(z^0 + r\,e^{it})$ integrierbar, und es gilt:

$$u(z^0) \leq \frac{1}{2\pi}\int_0^{2\pi} u(z^0 + r\,e^{it})dt.$$

Beweis:

Auf $\partial U(z^0,r)$ existiert eine Folge stetiger Funktionen $h_\nu : \partial U(z^0,r) \longrightarrow \mathbb{R}$ mit:

$$h_\nu \underset{\nu\to\infty}{\searrow} u \quad \text{auf} \quad \partial U(z^0,r).$$

Betrachte auf $\partial U(z^0,r)$ die stetige Funktion $h_\nu + \frac{1}{2^\nu} + \frac{1}{2^{\nu+1}}$; nach Satz 4 existieren Polynome P_ν in $(z - z^0)$ mit:

$$||\text{Re } P_\nu - h_\nu - \frac{1}{2^\nu} - \frac{1}{2^{\nu+1}}||_{\partial U(z^0,r)} < \frac{1}{2^{\nu+1}}.$$

Es gilt also auf $\partial U(z^0,r)$:

$$h_\nu + \frac{1}{2^\nu} \leq \text{Re } P_\nu \leq h_\nu + \frac{2}{2^\nu},$$

woraus weiter folgt:

$$\mathrm{Re}\, P_{\nu+1} \leq h_{\nu+1} + \frac{2}{2^{\nu+1}} \leq h_\nu + \frac{1}{2^\nu} \leq \mathrm{Re}\, P_\nu .$$

Also gilt auf $\partial U(z^o,r)$: $\mathrm{Re}\, P_\nu \searrow u$. Somit folgt:

(1) $\mathrm{Re}\, P_\nu(z^o + re^{it}) \searrow u(z^o + re^{it})$;

(2) $t \longrightarrow \mathrm{Re}\, P_\nu(z^o + re^{it})$ ist stetig, also integrabel.

Da auf $\partial U(z^o,r)$ gilt: $\mathrm{Re}\, P_\nu \geq u$, folgt aus der Harmonizität von $\mathrm{Re}\, P_\nu$ und der Subharmonizität von u: $u(z^o) \leq \mathrm{Re}\, P_\nu(z^o)$. Also:

$$-\infty < u(z^o) \leq \mathrm{Re}\, P_\nu(z^o) = \frac{1}{2\pi}\int_0^{2\pi} \mathrm{Re}\, P_\nu(z^o + re^{it})dt.$$

Damit ergibt sich aus dem Konvergenzsatz von Beppo Levi:

$$t \longrightarrow u(z^o + re^{it})$$

ist integrierbar, und

$$u(z^o) \leq \frac{1}{2\pi}\int_0^{2\pi} u(z^o + re^{it})dt;$$

womit Satz 8 bewiesen ist.

Mit der Bemerkung aus II 1.2 über Integrationstheorie folgt dann:

<u>Korollar 8.1:</u>

$u : G \longrightarrow \mathbb{R}_{-\infty}$ sei eine über dem Gebiet $G \subset \mathbb{C}^1$ subharmonische

Funktion; $z^o \in G$ und $U(z^o,r) \subset\subset G$.

$$\Longrightarrow u(z^o) \leq \frac{1}{2\pi} \int_0^{2\pi} u(z^o + re^{it})dt.$$

Korollar 8.2:

Sei $u : G \longrightarrow \mathbb{R}_{-\infty}$ subharmonisch über dem Gebiet $G \subset \mathbb{C}^1$, und gelte für einen Punkt $z^o \in G$: $u(z) \leq u(z^o)$ für alle Punkte $z \in G$. Dann ist u bereits konstant.

Die folgenden Korollare sollen nun bewiesen werden.

Korollar 8.3:

Für eine über dem Gebiet G subharmonische Funktion $u : G \longrightarrow \mathbb{R}_{-\infty}$ gilt:

$$\frac{1}{2\pi} \int_0^{2\pi} u(z^o + r_1 e^{it})dt \leq \frac{1}{2\pi} \int_0^{2\pi} u(z^o + r_2 e^{it})dt,$$

falls $0 < r_1 < r_2 < R$ und $U(z^o,R) \subset\subset G$.

Beweis:

Wir haben zwei Fälle zu betrachten.

1. Fall: die Funktion $[0,2\pi] \ni t \longrightarrow u(z^o + r_2 e^{it})$ ist integrabel. Nach Satz 4 findet man, wie in Beweis von Satz 8, Polynome P_ν in $z - z^o$, so daß gilt

$$\operatorname{Re} P_\nu(z^0 + r_2 e^{it}) \searrow u(z^0 + r_2 e^{it}).$$

Da u subharmonisch ist, gilt auch:

$$\operatorname{Re} P_\nu(z^0 + r_1 e^{it}) \geq u(z^0 + r_1 e^{it}).$$

Also folgt mit B. Levi und dem Mittelwertsatz für harmonische Funktionen:

$$\frac{1}{2\pi}\int_0^{2\pi} u(z^0 + r_2 e^{it})dt = \frac{1}{2\pi}\int_0^{2\pi} \lim_{\nu\to\infty} \operatorname{Re} P_\nu(z^0 + r_2 e^{it})dt$$

$$= \lim_{\nu\to\infty} \frac{1}{2\pi}\int_0^{2\pi} \operatorname{Re} P_\nu(z^0 + r_2 e^{it})dt$$

$$= \lim_{\nu\to\infty} \operatorname{Re} P_\nu(z^0) = \lim_{\nu\to\infty} \frac{1}{2\pi}\int_0^{2\pi} \operatorname{Re} P_\nu(z^0 + r_1 e^{it})dt$$

$$\geq \frac{1}{2\pi}\int_0^{2\pi} u(z^0 + r_1 e^{it})dt.$$

2. Fall: die Funktion $[0,2\pi] \ni t \longrightarrow u(z^0 + r_2 e^{it})$ ist nicht integrabel. Nach dem Satz von B. Levi folgt dann mit obigen Polynomen:

$$\frac{1}{2\pi}\int_0^{2\pi} \operatorname{Re} P_\nu(z^0 + r_2 e^{it})dt \searrow -\infty;$$

also gilt auch: $\frac{1}{2\pi}\int_0^{2\pi} \operatorname{Re} P_\nu(z^0 + r_1 e^{it})dt \searrow -\infty$, das heißt aber:

$$\frac{1}{2\pi}\int_0^{2\pi} u(z^0 + r_1 e^{it})dt = -\infty.$$

q.e.d.

Korollar 8.4:

Jede subharmonische Funktion $u : G \longrightarrow \mathbb{R}_{-\infty}$ über dem Gebiet G, die nicht identisch $-\infty$ ist, ist lokal integrabel.

Beweis:

a) Sei $z^o \in G$ mit $u(z^o) > -\infty$, und sei $U(z^o,R) \subset\subset G$. Dann findet man eine Folge stetiger Funktionen $h_\nu : \overline{U}(z^o,R) \longrightarrow \mathbb{R}$ mit $h_\nu \searrow u|_{\overline{U}(z^o,R)}$. Dann gilt:

$$\int_{\overline{U}(z^o,R)} h_\nu(z)d\lambda(z) = \int_0^R rdr \int_0^{2\pi} h_\nu(z^o + re^{it})dt$$
$$\geq \int_0^R rdr \int_0^{2\pi} u(z^o + re^{it})dt$$
$$\geq 2\pi \frac{R^2}{2} u(z^o) > -\infty.$$

Also folgt mit B. Levi: $u|_{\overline{U}(z^o,R)}$ ist integrable Funktion.

b) Betrachte folgende Teilmenge von G.

$$M := \{z \in G : u \text{ ist in keiner Umgebung von } z \text{ integrabel}\}.$$

M ist offenbar abgeschlossen. Weiter gilt nach a): $M \subset \{z \in G : u(z) = -\infty\} =: M'$. Sei also $z^o \in M$. Gäbe es eine Punktfolge $z^\nu \longrightarrow z^o$ in G mit $u(z^\nu) > -\infty$, so wäre nach a) für fast alle ν und ein geeignetes $R > 0$ die Funktion $u|_{\overline{U}(z^\nu,R)}$ integrabel, was aber nach Wahl von z^o unmöglich ist. Somit ist gezeigt, daß eine ganze Umgebung von z^o in M' und folglich in M liegt. Also gilt: M ist offen. Da $u \not\equiv -\infty$ vorausgesetzt war, folgt aus dem Zusammenhang von G, daß M die leere Menge sein muß, was äquivalent zu der Behauptung des Korollars ist.

q.e.d.

Die Umkehrung von Satz 8 lautet nun:

Satz 9:

Sei $u : G \longrightarrow \mathbb{R}_{-\infty}$ eine nach oben halbstetige Funktion über dem Gebiet $G \subset \mathbb{C}$ mit: zu jedem Punkt $z^o \in G$ gibt es eine positive Zahl $r(z^o)$, so daß für alle Zwischenwerte $0 < r < r(z^o)$ gilt:

a) $U(z^o, r) \subset\subset G$ und

b) $u(z^o) \leq \frac{1}{2\pi} \int_0^{2\pi} u(z^o + re^{it})dt.$

Dann ist u subharmonisch.

Beweis:

Für ein Teilgebiet $G' \subset\subset G$ und eine stetige Funktion $h : \overline{G'} \longrightarrow \mathbb{R}$, die in G' harmonisch ist und auf $\partial G'$ der Ungleichung $h|_{\partial G'} \geq u|_{\partial G'}$ genügt, gilt es folgende Ungleichung $h|_{G'} \geq u|_{G'}$ nachzuweisen.

Man nehme das Gegenteil dazu an: dann existiert ein Punkt $z^o \in G'$ mit:

a) $u(z^o) - h(z^o) > 0$ und

b) $(u - h)(z^o) = |||u - h|||_{\overline{G'}}$.

Damit sieht man sofort, daß die Menge

$$K := \{z \in G' : (u - h)(z) = (u - h)(z^o)\}$$

eine nicht-leere, kompakte Teilmenge von G' ist. Man wähle einen Punkt $z^1 \in \partial K$; dann sei $r(z^1)$ die zu z^1 nach Voraussetzung existierende Zahl mit den oben angegebenen Eigenschaften. Ist nun z^2 ein Punkt in $U(z^1,r(z^1)) \cap (G' \setminus K)$, so folgt mit $r := |z^1 - z^2| < r(z^1)$ nach Voraussetzung:

$$0 < u(z^1) - h(z^1) \leq \frac{1}{2\pi} \int_0^{2\pi} [u(z^1 + re^{it}) - h(z^1 + re^{it})]dt$$

$$< u(z^1) - h(z^1),$$

da der Integrationsweg teilweise außerhalb K verläuft. Dieser Widerspruch bestätigt die Richtigkeit der Ungleichung $h|_{G'} \geq u|_{G'}$; also ist Satz 9 bewiesen.

Mit den Sätzen 8 und 9 beweist man dann sofort:

<u>Folgerung 9.1:</u>

Sei $G \subset \mathbb{C}$ ein Gebiet.

(a) Die Summe zweier auf G subharmonischer Funktionen ist subharmonisch.

(b) Die Grenzfunktion einer monoton fallenden Folge subharmonischer Funktionen ist subharmonisch.

(c) Die Grenzfunktion einer kompakt gleichmäßig konvergenten Folge subharmonischer Funktionen ist subharmonisch.

(d) Eine Funktion $\varphi : G \longrightarrow \mathbb{R}_{-\infty}$ ist subharmonisch genau dann, wenn sie lokal subharmonisch ist.

(e) Die obere Regularisierte des Supremums einer lokal nach oben beschränkten Familie von subharmonischen Funktionen ist subharmonisch.

Beweis:

Übungsaufgabe (siehe Satz 7).

Bemerkung: (a) - (e) kann man auch ohne die Sätze 8, 9 mit dem Satz 4 beweisen.

Als Vorbereitung einer weiteren Folgerung benötigt man folgenden Hilfssatz:

Hilfssatz:

Sei $\varphi : U(z^0,R) \longrightarrow \mathbb{R}_{\geq 0}$ halbstetig nach oben, und sei für $0 < r < R$ die Funktion $[0,2\pi] \ni t \longrightarrow \log \varphi(z^0 + re^{it})$ integrabel, dann gilt folgende Ungleichung:

$$\exp\left(\frac{1}{2\pi}\int_0^{2\pi}\log\varphi(z^0 + re^{it})dt\right) \leq \frac{1}{2\pi}\int_0^{2\pi}\varphi(z^0 + re^{it})dt.$$

Beweis:

Wegen $\varphi \geq 0$ ist die Funktion $[0,2\pi] \ni t \longrightarrow \varphi(z^0 + re^{it})$ integrabel. Sei vorausgesetzt:

$$\frac{1}{2\pi}\int_0^{2\pi}\varphi(z^0 + re^{it})dt > 0.$$

Dann gilt wegen $\log x \leq x - 1$ für $x \geq 0$:

$$\log \frac{\varphi(z^o+re^{it})}{\frac{1}{2\pi}\int_0^{2\pi} \varphi(z^o+re^{i\tau})d\tau} \leq \frac{\varphi(z^o+re^{it})}{\frac{1}{2\pi}\int_0^{2\pi} \varphi(z^o+re^{i\tau})d\tau} - 1.$$

Integration liefert:

$$\frac{1}{2\pi}\int_0^{2\pi} \log \varphi(z^o+re^{it})dt \leq \log \left[\frac{1}{2\pi}\int_0^{2\pi} \varphi(z^o+re^{it})dt\right];$$

also ist die Behauptung bewiesen.

Gelte jetzt $\int_0^{2\pi} \varphi(z^o + re^{it})dt = 0$, so betrachte man statt φ die Funktion $\varphi_\varepsilon := \varphi + \varepsilon$ für $\varepsilon > 0$, woraus dann mit dem oben Gezeigten für $\varepsilon \searrow 0$ die allgemeine Ungleichung folgt.

q.e.d.

Jetzt gelingt es sofort, folgende Behauptung zu beweisen.

Folgerung 9.2:

(f) Ist $u : G \longrightarrow \mathbb{R}_{-\infty}$ eine über dem Gebiet G subharmonische Funktion, so ist auch die Funktion e^u subharmonisch ($e^{-\infty} := 0$).

Beweis:

Offenbar ist die Funktion e^u nicht negativ und nach oben halbstetig. Sei $z^o \in G$, so gibt es zwei Fälle zu betrachten:

1. Fall: $u(z^o) = -\infty$; also gilt: $e^{u(z^o)} \leq \frac{1}{2\pi}\int_0^{2\pi} e^{u(z^o+re^{it})}dt.$

2. Fall: $u(z^0) > -\infty$; dann gilt mit Satz 8 für alle positiven Zahlen r mit $U(z^0,r) \subset\subset G$: Die Funktion $t \longrightarrow u(z^0 + re^{it})$ ist integrabel und

$$u(z^0) \leq \frac{1}{2\pi} \int_0^{2\pi} u(z^0 + re^{it})dt.$$

Dann folgt aus dem Hilfssatz:

$$e^{u(z^0)} \leq \exp\left(\frac{1}{2\pi} \int_0^{2\pi} u(z^0+re^{it})dt\right) \leq \frac{1}{2\pi} \int_0^{2\pi} e^{u(z^0+re^{it})}dt.$$

Mit Satz 9 ist die Funktion e^u subharmonisch.

q.e.d.

Für viele Anwendungen und Beweise wird es wichtig sein, die Klasse der subharmonischen Funktionen, die zweimal stetig differenzierbar sind, zu kennen. Die entsprechende Charakterisierung liefert der folgende Satz.

Satz 1o:

Sei $u : G \longrightarrow \mathbb{R}$ eine zweimal stetig-differenzierbare Funktion über dem Gebiet $G \subset \mathbb{C}^1$. Dann gilt:

$$u \text{ ist subharmonisch} \Longleftrightarrow \Delta u \geq 0.$$

Beweis:

"$\Longleftarrow$": Sei $G' \subset\subset G$ ein Teilgebiet, und sei $h : \overline{G'} \longrightarrow \mathbb{R}$ eine auf $\overline{G'}$ stetige, in G' harmonische Funktion mit $h|_{\partial G'} \geq u|_{\partial G'}$. Es gilt zu zeigen: $h \geq u|_{\overline{G'}}$. Sei $z^0 \in G'$ ein beliebiger Punkt. Wegen der Stetigkeit der Funktionen u und h gibt es für eine beliebige positive Zahl ε stets ein Teilgebiet $G'' \subset\subset G'$ mit $z^0 \in G''$, so daß auf $\overline{G'} - G''$ gilt: $u \leq h + \varepsilon$. Mit Satz 2 folgt dann:

$$u(z^0) - h(z^0) \leq \sup_{\overline{G'}-G''} (u - h)(z) \leq \varepsilon,$$

woraus für $\varepsilon \searrow 0$ die Behauptung folgt.

"$\Longrightarrow$":

Man nehme an, für einen Punkt $z^0 \in G$ gelte: $\Delta u(z^0) < 0$. Sei $R > 0$ dann so gewählt, daß auf $U(z^0,R) \subset\subset G$ Δu nur negativ ist. Somit ist nach dem ersten Teil dieses Beweises die Funktion $-u : U(z^0,R) \longrightarrow \mathbb{R}$ subharmonisch. Für $0 < R' < R$ findet man dann mit Satz 4 Polynome $P_\nu \in \mathbb{C}[z - z^0]$, für die folgende Abschätzungen gelten: $||\mathrm{Re}\, P_\nu - u||_{\partial U(z^0,R')} < \frac{1}{\nu}$. Also folgt auf $\partial U(z^0,R')$: $\pm u \leq \mathrm{Re}\, P_\nu + \frac{1}{\nu}$; damit gelten diese Ungleichungen auch auf $U(z^0,R')$, womit man erhalten hat:

$$\mathrm{Re}\, P_\nu \underset{\nu\to\infty}{\Longrightarrow} u \text{ auf } U(z^0,R').$$

Wähle $R'' > 0$ so, daß der Würfel $Q(z^0;R'')$ um z^0 mit Kantenlänge R'' relativ kompakt im Kreis $U(z^0,R')$ liegt. Man wähle weiter eine C^∞-Funktion $\varphi : \mathbb{C} \longrightarrow \mathbb{R}$ mit folgenden Eigenschaften: $\mathrm{Tr}\,\varphi \subset Q(z^0;R'')$, $\varphi \geq 0$ und $\varphi(z^0) > 0$. Dann gilt:

$$0 = \int_{Q(z^0;R'')} \Delta \mathrm{Re}\, P_\nu(z)\varphi(z)d\lambda(z) = \int_{Q(z^0;R'')} \mathrm{Re}\, P_\nu(z)\,\Delta\varphi(z)d\lambda(z)$$

$$\underset{\nu\to\infty}{\longrightarrow} \int_{Q(z^0;R'')} u(z)\,\Delta\varphi(z)d\lambda(z) = \int_{Q(z^0;R'')} \Delta u(z)\varphi(z)d\lambda(z) < 0;$$

woraus folgt: $\Delta u(z^0) \geq 0$.

q.e.d.

Bemerkung zum Beweis: Es ist richtig, daß eine Funktion, die sowohl subharmonisch, als auch superharmonisch ist, bereits harmonisch ist. Um das beweisen zu können, benötigt man die Lösung des Dirichlet-Problems, auf die verzichtet wurde. Deshalb ist es notwendig, obigen Beweis mit reellen Methoden zu führen.

Beispiele subharmonischer Funktionen:

a) Ist $f : G \longrightarrow \mathbb{C}$ eine holomorphe Funktion über dem Gebiet $G \subset \mathbb{C}^1$, so ist die Funktion $\log|f| : G \longrightarrow \mathbb{R}_{-\infty}$ subharmonisch; dabei ist definiert für $z \in G$:

$$\log|f(z)| := \begin{cases} \log|f(z)|, & \text{falls } f(z) \neq 0 \\ -\infty, & \text{sonst} \end{cases}$$

Denn:

Offenbar ist die Funktion nach oben halbstetig. Ist nun $z^0 \in G$ ein Punkt, wo f nicht verschwindet, so ist die Funktion $\log|f|$ lokal um z^0 Realteil der holomorphen Funktion $\log f$; also ist

$\log|f|$ lokal um z^o harmonisch. Satz 9 liefert dann die Behauptung.

b) Unter den Voraussetzungen von a) ist auch die Betragsfunktion $|f| : G \longrightarrow \mathbb{R}$ subharmonisch.

Denn:

Man benutze Folgerung (f) zu den Sätzen 8 - 9.

c) Für jedes Gebiet $G \subsetneqq \mathbb{C}$ ist die Funktion $-\log \Delta_G : G \longrightarrow \mathbb{R}$ subharmonisch.

Denn:

Man betrachte folgende lokal nach oben beschränkte Familie harmonischer Funktionen

$$F := \{-\log|z - z^o| : z^o \in \partial G\}$$

und benutze Folgerung (e) zu den Sätzen 8 - 9.

II 1.4: Plurisubharmonische Funktionen

Es sei an die Übertragung des Begriffes der konvexen Funktion über $\mathbb{R}$ auf Funktionen über dem $\mathbb{R}^n$ erinnert: Eine Funktion $u : \mathbb{R}^n \longrightarrow \mathbb{R}$ heißt konvex, falls für je zwei Punkte x^o und x^1 mit $|x^1| = 1$ für geeignetes positives ε die folgende Funktion einer reellen Veränderlichen $(-\varepsilon,\varepsilon) \ni t \longrightarrow u(x^o + tx^1)$ konvex ist.

Auf dieselbe Weise übersetzt man den Begriff "subharmonische Funktion" für mehrere komplexe Veränderliche.

Definition 4:

Eine über einem Gebiet $G \subset \mathbb{C}^n$ definierte Funktion $u : G \longrightarrow \mathbb{R}_{-\infty}$ heißt "plurisubharmonisch", falls folgendes gilt:

a) u ist halbstetig nach oben, und

b) für jeden Punkt $z^0 \in G$ und jeden Einheitsvektor $a \in \mathbb{C}^n$ ($|a| = 1$) ist auf einer geeigneten zusammenhängenden Nullumgebung $U \subset \mathbb{C}^1$, für deren Punkte λ stets $z^0 + \lambda a \in G$ gilt, die Funktion einer komplexen Veränderlichen $U \ni \lambda \longrightarrow u(z^0 + \lambda a)$ auf U subharmonisch.

Analog zu Definition 3' formuliert man auch hier:

Definition 4':

Eine über einem Gebiet $G \subset \mathbb{C}^n$ definierte Funktion $u : G \longrightarrow \mathbb{R}_{+\infty}$ heißt "plurisuperharmonisch", falls die Funktion $-u : G \longrightarrow \mathbb{R}_{-\infty}$ plurisubharmonisch ist.

Bemerkung:

a) Für ein Gebiet $G \subset \mathbb{C}^1$ und eine Funktion $u : G \longrightarrow \mathbb{R}_{-\infty}$ sind die Begriffe "subharmonisch" und "plurisubharmonisch" offenbar äquivalent.

b) Sei $u : G \longrightarrow \mathbb{R}_{-\infty}$ eine über dem Gebiet $G \subset \mathbb{C}^n$ plurisubharmonische Funktion, so gilt für einen Punkt $z^0 \in G$ und einen Einheitsvektor $a \in \mathbb{C}^n$, daß die Funktion einer komplexen Veränderlichen $\lambda \longrightarrow u(z^0 + \lambda a)$ über jeder Zusammenhangskomponenten des Bereiches $G(z^0,a) := \{\lambda \in \mathbb{C} : z^0 + \lambda a \in G\}$ bereits subharmonisch ist.

c) Lelong hat gezeigt, daß es in Definition 4 genügt, statt der Halbstetigkeit nach oben, nur die lokale obere Beschränktheit von u zu fordern.

Wie zu erwarten ist, lassen sich jetzt die Ergebnisse von II 1.3 auch für plurisubharmonische Funktionen beweisen.

Satz 11:

Sei $G \subset \mathbb{C}^n$ ein Gebiet. Dann gilt:

a) Sind u_1, u_2 auf G plurisubharmonische Funktionen, und sei $\alpha > 0$, so ist auch die Funktion $\alpha u_1 + u_2$ plurisubharmonisch.

b) Die Grenzfunktion einer monoton fallenden Folge auf G plurisubharmonischer Funktionen ist plurisubharmonisch.

c) Sei $u_\nu : G \longrightarrow \mathbb{R}$ eine Folge plurisubharmonischer Funktionen, die kompakt gleichmäßig gegen eine Funktion $u : G \longrightarrow \mathbb{R}$ konvergiert, dann ist u wieder plurisubharmonisch.

d) Für plurisubharmonische Funktionen gilt das Maximumprinzip, d.h. gilt für eine plurisubharmonische Funktion $u : G \longrightarrow \mathbb{R}_{-\infty}$ mit einem Punkt $z^0 \in G$: $u(z) \leq u(z^0)$ für alle $z \in G$, so ist u identisch konstant.

e) Eine über G definierte Funktion ist plurisubharmonisch genau dann, wenn sie lokal plurisubharmonisch ist.

f) Für eine plurisubharmonische Funktion $u : G \longrightarrow \mathbb{R}_{-\infty}$ gilt: auch e^u ist plurisubharmonisch.

g) Jede plurisubharmonische Funktion, die nicht identisch $-\infty$ ist, ist lokal integrabel.

Beweis:

a) - f) ergeben sich unmittelbar aus II 1.3.

Wir beweisen jetzt g) durch Induktion. Im Fall n = 1 liefert Korollar 8.4 die Behauptung. Sei also g) für die Dimension n - 1 ($n \geq 2$) bewiesen. Man wähle $z^0 \in G$ mit $u(z^0) > -\infty$ und einen Polyzylinder $\Delta(z^0;r) \subset\subset G$. Nach Satz 5 findet man eine Folge stetiger Funktionen $h_\nu : \overline{\Delta}(z^0;r) \longrightarrow \mathbb{R}$ mit $h_\nu \searrow u$. Also gilt:

$$\int_{\Delta(z^0,r)} h_\nu(z)d\lambda(z) = \int_{\widetilde{\Delta}(\widetilde{z}^0,r)} \left(\int_{U(z_n^0,r)} h_\nu(z)d\lambda(z_n)\right) d\lambda(\widetilde{z})$$

$$= \int_{\widetilde{\Delta}(\widetilde{z}^0,r)} \left(\int_0^r \rho d\rho \frac{2\pi}{2\pi} \int_0^{2\pi} h_\nu(\widetilde{z}, z_n^0 + \rho e^{i\Theta})d\Theta\right) d\lambda(\widetilde{z}) =: A_\nu .$$

Der Ausdruck in der Klammer ist durch

$$\int_0^r \rho dr \; 2\pi \; u(\widetilde{z}, z_n^0)$$

nach unten abschätzbar. Nach Voraussetzung ist die Funktion $\widetilde{z} \longrightarrow u(\widetilde{z}, z_n^0)$ integrabel, also folgt:

$$A_\nu \geq \pi r^2 \int_{\widetilde{\Delta}(\widetilde{z}^0,r)} u(\widetilde{z}, z_n^0)d\lambda(z) > -\infty .$$

Mit B. Levi folgt nun aber sofort, daß u auf $\Delta(z^0,r)$ integrabel ist. Der Rest des Beweises verläuft analog zum Beweisteil b des Korollars 8.4.

q.e.d.

Wir wollen jetzt das Analogon zu Satz 1o für plurisubharmonische Funktionen, die C^2-Funktionen sind, herleiten. Wir definieren:

Definition 5:

Sei $u : G \longrightarrow \mathbb{R}$ eine C^2-Funktion über einem Gebiet $G \subset \mathbb{C}^n$. Folgende Funktion $L(u) : G \times \mathbb{C}^n \longrightarrow \mathbb{R}$ mit:

$$L(u)(z,a) := \sum_{\nu,\mu=1}^{n} \frac{\partial^2 u}{\partial z_\nu \partial \overline{z}_\mu}(z) a_\nu \overline{a}_\mu$$

heißt "Levi-Form von u".

Man bemerke, daß im Fall $n = 1$ folgender Zusammenhang zwischen Levi-Form und Laplace-Operator besteht: $\frac{1}{4}\Delta(u)(z) \cdot |a^2| = L(u)(z,a)$.

Jetzt läßt sich Satz 1o wie folgt übertragen:

Satz 12:

Sei $u : G \longrightarrow \mathbb{R}$ eine über dem Gebiet $G \subset \mathbb{C}^n$ zweimal stetig-differenzierbare Funktion. Dann gilt:

u ist plurisubharmonisch $\Longleftrightarrow$ $L(u) : G \times \mathbb{C}^n \longrightarrow \mathbb{R}$ ist eine nicht negative Funktion.

Beweis:

Für einen Punkt $z^0 \in G$ und einen Einheitsvektor $a \in \mathbb{C}^n$ betrachte man folgende C^2-Funktion $\varphi(\lambda) = u(z^0 + \lambda a)$ über $G(z^0,a) = \{\lambda \in \mathbb{C} : z^0 + \lambda a \in G\}$. Man rechnet dann für $\lambda \in G(z^0,a)$ nach:

$$(\Delta\varphi)(\lambda) = 4\, L(u)(z^0 + \lambda a, a);$$

hieraus folgt unter Benutzung von Satz 1o sofort obige Äquivalenz.

Wir wollen an dieser Stelle noch eine Verschärfung von Definition 5 formulieren:

Definition 6:

Unter einer "streng-plurisubharmonischen" Funktion $u : G \longrightarrow \mathbb{R}$ über einem Gebiet $G \subset \mathbb{C}^n$ versteht man eine C^2-Funktion, deren Levi-Form auf $G \times [\mathbb{C}^n - (0)]$ stets positiv ist, d.h.

$$L(u)|_{G\times[\mathbb{C}^n-(0)]} > 0.$$

Die Wichtigkeit dieser Funktionen wird sich bei den geometrischen Überlegungen im nächsten Paragraphen zeigen.

Beispiele plurisubharmonischer Funktionen:

a) Für jede holomorphe Funktion $f : G \longrightarrow \mathbb{C}$ über einem Gebiet $G \subset \mathbb{C}^n$ gilt: die Funktionen $\log|f|$ und $|f|$ sind plurisubharmonisch.

Denn:

Mit den entsprechenden Beispielen von II 1.3 ist dieser Nachweis trivial.

b) Die Funktion $\varphi : \mathbb{C}^n \longrightarrow \mathbb{R}$ mit $\varphi(z) := \log(1 + |z^2|)$ ist streng plurisubharmonisch.

Denn:

Offenbar ist φ 2x stetig differenzierbar. Eine leichte Rechnung liefert:

$$\frac{\partial^2 \varphi}{\partial z_j \partial \overline{z}_k}(z) = \frac{1}{1+|z|^2}\delta_{jk} - \frac{\overline{z}_j z_k}{(1+|z|^2)^2} .$$

Also gilt für die Levi-Form von φ:

$$L(\varphi)(z,a) = \frac{1}{(1+|z|^2)^2}\left\{(1+|z|^2)|a|^2 - \left|\sum_{j=1}^{n} z_j \overline{a}_j\right|^2\right\}$$

$$(*) \quad \geq (1+|z|^2)^{-2}[(1+|z|^2)|a|^2 - |z|^2|a|^2]$$

$$= (1+|z|^2)^{-2} \cdot |a|^2 > 0, \text{ falls } a \neq 0.$$

(*) gilt wegen der Schwarzschen Ungleichung.

c) Folgende C^2-Funktion $\varphi : \mathbb{C}^2 \longrightarrow \mathbb{R}$, die definiert ist durch

$$\varphi(z,w) = \operatorname{Re} w + |z|^8 + \frac{15}{7}|z|^2 \operatorname{Re} z^6,$$

ist plurisubharmonisch, aber nirgends streng plurisubharmonisch (d.h. für alle $V \in \mathbb{C}^2$ gilt: $L(\varphi)|_{V\times[\mathbb{C}^n - (0)]} \nsucc 0$).

Denn:

Wie man leicht nachrechnet, gilt nämlich:

$$L(\varphi)((z,w),a) = (16|z|^6 + 15 \operatorname{Re} z^6)|a_1|^2 \geq 0;$$

für $a^o = (0,1) \neq 0$ folgt aber: $L(\varphi)((z,w),a^o) = 0$.

q.e.d.

Zum Schluß dieses Abschnittes soll studiert werden, welcher Zusammenhang zwischen beliebigen plurisubharmonischen Funktionen und solchen, die mindestens 2x stetig differenzierbar sind, besteht. Die Antwort auf diese Frage lautet:

Satz 13:

Sei $u : G \longrightarrow \mathbb{R}_{-\infty}$ eine beliebige plurisubharmonische Funktion über dem Gebiet $G \subset \mathbb{C}^n$ und sei G' relativ kompakter Teilbereich von G. Dann gibt es eine Folge von beliebig oft stetig differenzierbaren plurisubharmonischen Funktionen $u_\nu : G' \longrightarrow \mathbb{R}$ mit: $u_\nu \underset{\nu\to\infty}{\searrow} u|_{G'}$.

Beweis:

O.B.d.A. sei $u \not\equiv -\infty$.

a) Für eine positive Zahl $r < \Delta_G(G')$ betrachte man folgende C^∞-Funktion $\omega : \mathbb{R} \longrightarrow \mathbb{R}_{\geq 0}$ mit:

1)

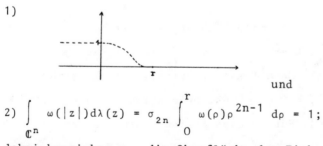

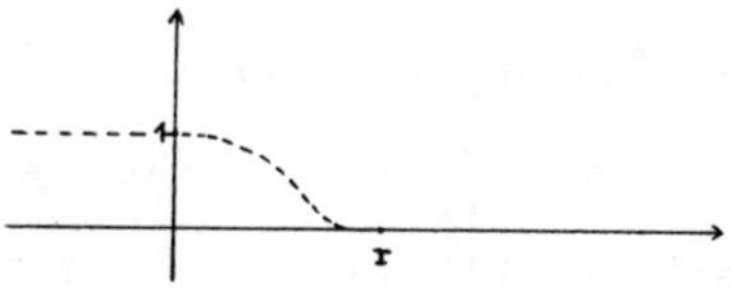

und

2) $\int\limits_{\mathbb{C}^n} \omega(|z|)d\lambda(z) = \sigma_{2n} \int\limits_0^r \omega(\rho)\rho^{2n-1}\, d\rho = 1$;

dabei bezeichne σ_{2n} die Oberfläche der Einheitskugel im $\mathbb{R}^{2n} \equiv \mathbb{C}^n$.

b) Man setze für natürliche Zahlen $\nu \in \mathbb{N}$ und $z \in G'$:

$$u_\nu(z) := \int_{|\zeta|\leq r} u(z + \frac{\zeta}{\nu})\ \omega(|\zeta|)\ d\lambda(\zeta)$$

$$= \int_{|\zeta - z|\leq\frac{r}{\nu}} u(\zeta)\ \omega(\nu|\zeta - z|)\nu^{2n}\ d\lambda(\zeta)$$

(das Integral existiert, da u lokal integrabel ist), und erhält C^∞-Funktionen: $u_\nu : G \longrightarrow \mathbb{R}$.

c) Behauptung: die Folge $\{u_\nu\}_{\nu=1}^{\infty}$ ist monoton fallend. Denn:

$$u_\nu(z) = \int_0^r \rho^{2n-1}\omega(\rho)\left[\int_{|a|=1} u(z + \frac{\rho}{\nu}a)da\right]d\rho$$

$$\overset{(*)}{=} \int_0^r \rho^{2n-1}\omega(\rho)\left[\frac{1}{2\pi}\int_0^{2\pi} d\Theta \int_{|a|=1} u(z + \frac{\rho}{\nu}ae^{i\Theta})da\right]d\rho$$

$$\overset{(**)}{=} \int_0^r \rho^{2n-1}\omega(\rho)\left[\int_{|a|=1} (\frac{1}{2\pi}\int_0^{2\pi} u(z + \frac{\rho}{\nu}ae^{i\Theta})d\Theta)da\right]d\rho$$

$$\overset{(***)}{\geq} \int_0^r \rho^{2n-1}\omega(\rho)\left[\int_{|a|=1} (\frac{1}{2\pi}\int_0^{2\pi} u(z + \frac{\rho}{\nu+1}ae^{i\Theta})d\Theta)da\right]d\rho$$

$$\overset{(i\nu)}{=} u_{\nu+1}(z).$$

Es soll jetzt die formale Rechnung schrittweise begründet werden: (*) ist klar, da $\Theta \longrightarrow \int_{|a|=1} u(z + \frac{\rho}{\nu}ae^{i\Theta})d\Theta$ konstant ist. (**): Da u lokal integrabel ist, gilt für fast alle $\rho \in [0,r]$, daß die Funktionen $\partial U(0,1) \ni a \longrightarrow u(z^0 + \rho a)$ integrabel sind. Für solches ρ findet man stetige Funktionen $h_\nu : \partial U(0,1) \longrightarrow \mathbb{R}$ mit $h_\nu \searrow u(z + \rho a)$. Offenbar sind nun die Funktionen $[0,2\pi] \times \partial U(0,1) \ni (\Theta,a) \longrightarrow h_\nu(z + \rho e^{i\Theta} \cdot a)$ integrabel, woraus folgt:

$$\int_{[0,2\pi]\times\partial U(0,1)} h_\nu(z+\rho a e^{i\Theta})d(\Theta,a) = 2\pi \int_{\partial U(0,1)} h_\nu(z+\rho a)da$$

$$\geq 2\pi \int_{\partial U(0,1)} u(z + \rho a)da > -\infty.$$

Also folgt mit B. Levi, daß die Funktion $[0,2\pi] \times \partial U(0,1) \ni (\Theta,a) \longrightarrow u(z^0 + \rho a e^{i\Theta})$ integrabel ist. Also folgt (**) mit dem Satz von Fubini. (***) folgt sofort mit Korollar 8.3. (iv) erhält man dadurch, daß man im Fall $\nu + 1$ denselben Weg zurückverfolgt.

d) Behauptung: $u_\nu \underset{\nu\to\infty}{\longrightarrow} u$.

Denn:

Sei gegeben: $z \in G'$ und $\varepsilon > 0$. Dann existiert wegen der Halbstetigkeit von u eine Umgebung $U = U(z) \subset G'$, so daß für alle $z' \in U$ gilt: $u(z') < u(z) + \varepsilon$. Sei $\nu_0 \in \mathbb{N}$ so gewählt, daß für $\nu \geq \nu_0$ gilt: $U(z,\frac{r}{\nu}) \subset U$. Dann folgt für diese ν:

$$u_\nu(z) = \int_{|\zeta|\leq r} u(z + \frac{\zeta}{\nu})\omega(|\zeta|)d\lambda(\zeta) \leq u(z) + \varepsilon;$$

genau dies war aber zu zeigen.

e) Behauptung: die Funktionen $u_\nu : G' \longrightarrow \mathbb{R}$ sind plurisubharmonisch.

Denn:

Für einen Punkt $z^0 \in G'$ und einen Einheitsvektor $a \in \mathbb{C}^n$ wähle man $R > 0$, so daß gilt: $\{z^0 + \lambda a : |\lambda| < R\} \subset G'$; man betrachte dann die Funktion einer komplexen Veränderlichen: $U(0,R) \ni \lambda \longrightarrow u_\nu(z^0 + \lambda a)$, deren Subharmonizität nachzuweisen ist. Man berechnet also für $\lambda_0 \in U(0,R)$ und $0 < r < R - |\lambda_0|$:

$$\frac{1}{2\pi}\int_0^{2\pi} u_\nu(z^0 + (\lambda_0 + re^{i\theta})a)d\theta$$

$$= \frac{1}{2\pi}\int_0^{2\pi}\left[\int_{|\zeta|\leq r} u(z^0 + \lambda_0 a + re^{i\theta}a + \frac{\zeta}{\nu})\omega(|\zeta|)d\lambda(\zeta)\right]d\theta$$

$$\overset{(*)}{=} \int_{|\zeta|\leq r}\left[\frac{1}{2\pi}\int_0^{2\pi} u(z^0 + \lambda_0 a + \frac{\zeta}{\nu} + re^{i\theta}a)d\theta\right]\omega(|\zeta|)d\lambda(\zeta)$$

$$\overset{(**)}{\geq} \int_{|\zeta|\leq r} u(z^0 + \lambda_0 a + \frac{\zeta}{\nu})\omega(|\zeta|)d\lambda(\zeta)$$

$$= u_\nu(z^0 + \lambda_0 a).$$

Den Übergang (*) beweist man analog wie (**) im Punkt c), während (**) nichts anderes als Satz 8 für subharmonische Funktionen ist.

Damit ist dieser Approximationssatz vollständig bewiesen.

<u>Korollar 13.1:</u>

Unter den Voraussetzungen von Satz 13 gilt zudem: es gibt sogar eine Folge $u_\nu : G' \longrightarrow \mathbb{R}$ von C^∞-streng-plurisubharmonischen Funktionen mit $u_\nu \underset{\nu\to\infty}{\searrow} u$.

Beweis:

Mit der Approximationsfolge $u_\nu : G' \longrightarrow \mathbb{R}$ bilde man einfach

folgende Approximationsfolge $u'_\nu(z) := u_\nu(z) + \frac{1}{\nu}|z|^2$ auf G',
die dann die gewünschte Eigenschaft hat.

q.e.d.

Obiger Approximationssatz liefert jetzt das Beweiswerkzeug für folgende Aussage:

Folgerung 13.2:
Seien $G \subset \mathbb{C}^n$ und $G' \subset \mathbb{C}^m$ Gebiete; sei $F : G \longrightarrow G'$ eine holomorphe Abbildung und sei $u : G' \longrightarrow \mathbb{R}_{-\infty}$ plurisubharmonisch. Dann ist auch die Funktion $u \circ F : G \longrightarrow \mathbb{R}_{-\infty}$ plurisubharmonisch.

Beweis:

1) Sei zusätzlich vorausgesagt, daß die Funktion u 2x stetig differenzierbar ist; also gilt: $L(u) \geq 0$. Dasselbe gilt dann auch für die Funktion $u \circ F$, wie leichtes Nachrechnen zeigt. Mit Satz 12 ist also gewährleistet, daß $u \circ F$ plurisubharmonisch ist.

2) Sei jetzt u beliebig; für einen Punkt $z^0 \in G$ mit $F(z^0) = \omega^0$ gibt es Umgebungen $U(z^0) \subset G$ und $U(\omega^0) \subset\subset G'$ mit $F(U(z^0)) \subset U(\omega^0)$. Nach Satz 13 ist $u : U(\omega^0) \longrightarrow \mathbb{R}_{-\infty}$ Grenzwert einer monoton fallenden Folge von plurisubharmonischen C^∞-Funktionen $u_\nu : U(\omega^0) \longrightarrow \mathbb{R}$. Nach 1) ist dann $u_\nu \circ F : U(z^0) \longrightarrow \mathbb{R}$ eine monoton fallende Folge plurisubharmonischer Funktionen, deren Grenzfunktion $u \circ F$ also auf $U(z^0)$ plurisubharmonisch ist. Plurisubharmonizität ist aber eine lokale Eigenschaft, womit der Satz bewiesen wäre.

Als letztes soll ein Maximumprinzip für plurisubharmonische Funktionen auf analytischen Scheiben gezeigt werden.

<u>Korollar 13.3:</u>

Für eine analytische Scheibe $S \subset G$ in einem Gebiet $G \subset \mathbb{C}^n$ und eine plurisubharmonische Funktion $u : G \longrightarrow \mathbb{R}_{-\infty}$ gilt:

$$\sup_{z \in S} u(z) = \sup_{z \in \partial S} u(z).$$

Beweis:

Sei die analytische Scheibe S durch die stetige Abbildung $F : \overline{E} \longrightarrow G$, die in E holomorph ist, gegeben. Wegen Folgerung 13.2 ist $u \circ F : \overline{E} \longrightarrow \mathbb{R}_{-\infty}$ eine nach oben halbstetige Funktion, die auf E subharmonisch ist, woraus sofort die zur Behauptung äquivalente Gleichung folgt:

$$\sup_{\lambda \in \overline{E}} u \circ F(\lambda) = \sup_{\lambda \in \partial E} u \circ F(\lambda).$$

q.e.d.

§ 2 Pseudokonvexe Gebiete

Ziel dieses Paragraphen ist, den Begriff des pseudokonvexen Gebietes einzuführen und dann dazu äquivalente Kriterien zu liefern; es sei bemerkt, daß die ersten solcher Untersuchungen von E.E. Levi (1910-1911) stammen.

II 2.1: Pseudokonvexe Gebiete

Für Gebiete $G \subset \mathbb{C}^1$ hatten wir folgende zwei Eigenschaften nachgewiesen:

a) G ist Holomorphiegebiet, und

b) $-\log \Delta_G$ ist eine plurisubharmonische Funktion.

Diese Tatsache und folgende Charakterisierung für reelle Gebiete $B \subset \mathbb{R}^n$: "B ist konvex $\iff$ $-\log \Delta_B$ ist konvex" legt nahe, im $\mathbb{C}^n$ Gebiete mit der Eigenschaft b) auszuzeichnen, was in folgender Definition geschieht.

Definition 1:

Sei $G \subset \mathbb{C}^n$ ein Gebiet.

G heißt "pseudokonvex" : $\iff$ $-\log \Delta_G : G \longrightarrow \mathbb{R}_{-\infty}$ ist plurisubharmonisch.

Mit obigen Bemerkungen gilt sofort

Korollar:

Jedes Gebiet $G \subset \mathbb{C}^1$ ist pseudokonvex.

II 2.2: Permanenzeigenschaften von pseudokonvexen Gebieten

Satz 1:

Sei $\{G_\alpha\}_{\alpha\varepsilon A}$ eine Familie von pseudokonvexen Gebieten im $\mathbb{C}^n$, so ist jede Zusammenhangskomponente des Innern von $\bigcap_{\alpha\varepsilon A} G_\alpha$ ein pseudokonvexes Gebiet.

Beweis:

Man benutze, daß die nach oben halbstetig Regularisierte des Supremums einer lokal nach oben beschränkten Familie plurisubharmonischer Funktionen wieder plurisubharmonisch ist. Die Einzelheiten seien dem Leser überlassen.

Satz 2:

Sei $G = \bigcup_{\nu=1}^{\infty} G_\nu$ das Vereinigungsgebiet einer aufsteigenden (d.h. $G_\nu \subset G_{\nu+1}$) Folge $\{G_\nu\}_{\nu=1}^{\infty}$ pseudokonvexer Gebiete $G_\nu \subset \mathbb{C}^n$, dann ist G pseudokonvex.

Beweis:

Der Leser benutze, um den Beweis auszuführen, daß die Grenzfunktion einer fallenden Folge plurisubharmonischer Funktionen wieder plurisubharmonisch ist.

II 2.3: Das schwache Kontinuitätsprinzip

Definition 2:

Sei $G \subset \mathbb{C}^n$ ein Gebiet; man sagt: G erfüllt "das schwache Kontinuitätsprinzip", falls für jede analytische Scheibe $S \subset G$ (siehe I.2 Def. 8) gilt:

$$\Delta_G(\partial S) = \Delta_G(S).$$

Anschaulich bedeutet diese Forderung, daß folgende Situation:

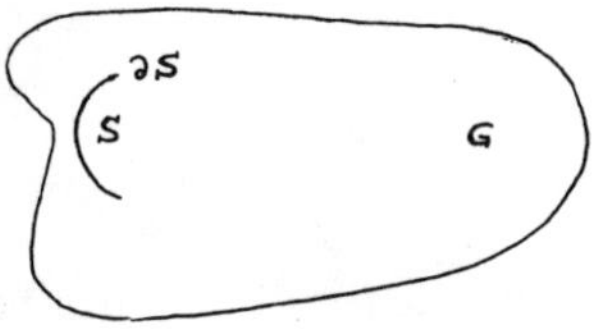

nicht möglich ist.

Es sollte noch bemerkt werden (siehe II 3.4 Beweis von Satz 4), daß sich konvexe Gebiete analog zu Definition 2 charakterisieren lassen, wenn man "analytisch" durch "linear" ersetzt.

Folgender Satz zeigt dann, daß die Eigenschaft von Definition 2 a priori schwächer als die Pseudokonvexität ist.

Satz 3:

Jedes pseudokonvexe Gebiet genügt dem schwachen Kontinuitätsprinzip.

Beweis:

Mit dem Maximumprinzip plurisubharmonischer Funktionen auf

analytischen Scheiben folgt sofort:

$$- \log \Delta_G(z) \leq \sup_{z \in \partial S} - \log \Delta_G(z)$$

für alle $z \in S$; also folgt die Behauptung.

q.e.d.

Man hatte in I.2 gesehen, daß die Holomorphiegebiete dem starken Kontinuitätsprinzip genügen. Also folgt mit Satz 3 aus Kapitel I sofort:

Satz 4:

Jedes Holomorphiegebiet genügt dem schwachen Kontinuitätsprinzip.

II 2.4: Richtungs-Pseudokonvexität

Wir geben hier 3 von Kimura eingeführte Definitionen, deren Äquivalenz wir dann nachweisen werden.

Definition 3:

Sei G ein Gebiet im $\mathbb{C}^n = \mathbb{C}^1_x \times \mathbb{C}^{n-1}_{y_1,\ldots,y_{n-1}}$.

(a) G heiße "(0)-pseudokonvex in $(y_1,\ldots,y_{n-1})$-Richtung", falls für jede folgende Situation: $x^0 \in \mathbb{C}$, $r > 0$, $f_i : \overline{U(x^0,r)} \times I \longrightarrow \mathbb{C}$ stetig für $1 \leq i \leq n-1$; $f_i(\ ,t)$ holomorph auf $\overline{U(x^0,r)}$ für alle $t \in I$ mit:

$$F_t := \{(x, f_1(x,t), \ldots, f_{n-1}(x,t)) : |x - x^0| \leq r\} \subset G$$

für $0 < t \leq 1$ und

$$\partial F_0 := \{(x,f_1(x,0),\ldots,f_{n-1}(x,0)) : |x - x^0| = r\} \subset G$$

gilt

$$F_0 := \{(x,f_1(x,0),\ldots,f_{n-1}(x,0)) : |x - x^0| \leq r\} \subset G$$

Skizze:

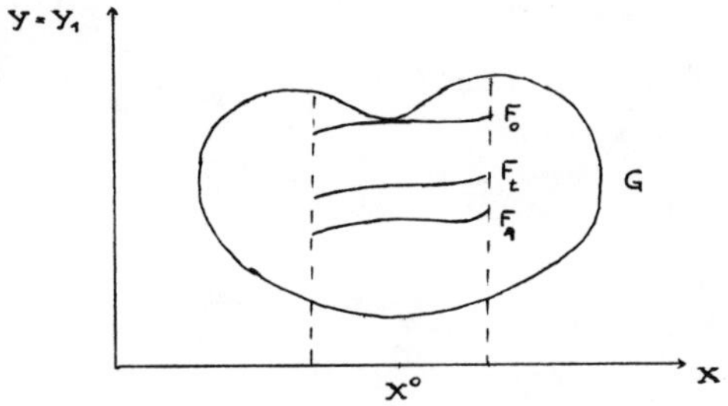

nicht möglich

(b) G heiße "I-pseudokonvex in $(y_1,\ldots,y_{n-1})$-Richtung", falls für jede folgende Situation: $x^0 \in \mathbb{C}$, $r > 0$, $f_i : \overline{U(x^0,r)} \times I \longrightarrow \mathbb{C}$ stetig für $1 \leq i \leq n - 1$; $f_i(\ ,t)$ holomorph auf $\overline{U(x^0,r)}$ für alle $t \in I$, $1 \leq i \leq n - 1$ mit:

$$(x^0,f_1(x^0,0),\ldots,f_{n-1}(x^0,0)) \notin G,$$

aber

$$\{(x,f_1(x,0),\ldots,f_{n-1}(x,0)) : 0 < |x - x^0| \leq r\} \subset G$$

gilt: zu jedem $\varepsilon \in (0,r)$ existiert ein $\delta \in (0,1)$, so daß für jedes $t \in (0,\delta]$ mit geeignetem $x(t) \in U(x^0,\varepsilon)$ gilt:

$$(x(t),f_1(x(t),t),\ldots,f_{n-1}(x(t),t)) \notin G.$$

Skizze:

Siehe Definition (a).

Bemerkung: (b) ist nicht die genaue Negation von (a).

(c) G heißt "II-pseudokonvex in $(y_1,\ldots,y_{n-1})$-Richtung", falls für jede folgende Situation: $x^o \in \mathbb{C}$, $0 < \rho' < \rho$, $0 < r_i' < r_i$ und $f_i : \overline{U(x^o,\rho)} \longrightarrow \mathbb{C}$ holomorph für $1 \leq i \leq n-1$ mit:

$$C_1 := \{(x,y_1,\ldots,y_{n-1}) \in \mathbb{C}^n : \rho' < |x-x^o| < \rho, |y_i-f_i(x)| < r_i\} \subset G$$

und

$$C_2 := \{(x,y_1,\ldots,y_{n-1}) \in \mathbb{C}^n : |x-x^o| < \rho, |y_i-f_i(x)| < r_i'\} \subset G$$

gilt

$$C := \{(x,y_1,\ldots,y_{n-1}) \in \mathbb{C}^n : |x - x^o| < \rho, |y_i - f_i(x)| < r_i\} \subset G.$$

Skizze:

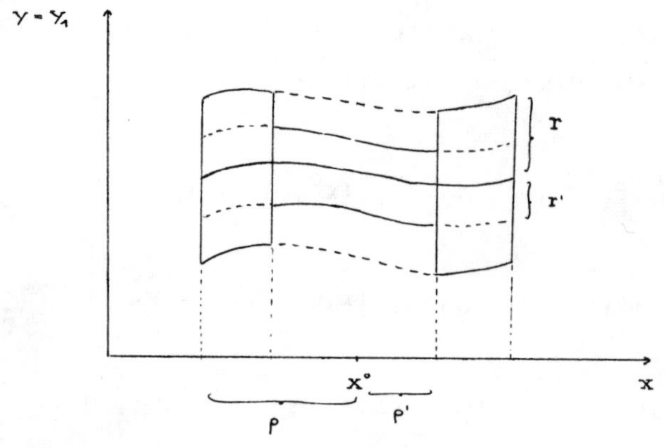

(c') G heißt "II'-pseudokonvex in $(y_1,\ldots,y_{n-1})$-Richtung", falls (c) für alle "Polynomsituationen", d.h. die f_i sind Polynome, gilt.

Im Anschluß an diese Definitionskette gilt:

Satz 5:

Jedes Gebiet $G \subset \mathbb{C}^n = \mathbb{C}^1_x \times \mathbb{C}^{n-1}_{y_1,\dots,y_{n-1}}$, das dem schwachen Kontinuitätsprinzip genügt, ist (0)-pseudokonvex in $(y_1,\dots,y_{n-1})$-Richtung.

Beweis:

Sei also eine Situation gemäß Definition 3 a) mit den dort benutzten Bezeichnungen gegeben. Bezeichnet man mit S_t die durch $\overline{U}(x^o,r) \ni x \longrightarrow (x,f_1(x,t),\dots,f_{n-1}(x,t))$ gegebene analytische Scheibe, so gilt nach Voraussetzung:

$$\bigcup_{0<t\leq 1} S_t \cup \partial S_o \subset G.$$

Also gilt für eine offene Umgebung $V = V(\partial S_o) \subset\subset G$ mit geeignetem positiven $t_o < 1$:

$$\bigcup_{0\leq t\leq t_o} \partial S_t \subset V.$$

Nach dem schwachen Kontinuitätsprinzip gilt dann für $0 < t \leq t_o$:

$$0 < \Delta_G(V) \leq \Delta_G(\partial S_t) = \Delta_G(S_t).$$

Ist nun $S_o \not\subset G$, so gilt für geeignetes x^1 mit $|x^1 - x^o| < r$:

$$z^o := (x^1,f_1(x^1,0)\dots,f_{n-1}(x^1,0)) \in \partial G.$$

Wegen $(x^1, f_1(x^1,t), \ldots, f_{n-1}(x^1,t)) \underset{t \searrow 0}{\longrightarrow} z^0$, gilt:
$\Delta_G(S_t) \underset{t \searrow 0}{\longrightarrow} 0$. Oben hatten wir aber gesehen, daß $\Delta_G(S_t) \geq \Delta_G(V)$, was obige Annahme $S_0 \not\subset G$ sofort zum Widerspruch führt. Also gilt $S_0 \subset G$.

q.e.d.

Nun wollen wir zeigen, daß all die in Definition 3 formulierten Richtungspseudokonvexitäten äquivalente Eigenschaften sind. Wir werden deshalb nach Beweis des folgenden Satzes nur noch von Pseudokonvexität in $(y_1,\ldots,y_{n-1})$-Richtung sprechen.

<u>Satz 6:</u>

Für ein Gebiet $G \subset \mathbb{C}^n = \mathbb{C}^1_x \times \mathbb{C}^{n-1}_{y_1,\ldots,y_{n-1}}$ sind die Pseudokonvexitätsbegriffe (O), (I), (II) und (II') in $(y_1,\ldots,y_{n-1})$-Richtung äquivalent.

Beweis:

Obwohl der Beweis dieses Satzes im wesentlichen sehr einfach ist, soll er hier ausführlich dargestellt werden, um so den Leser leichter in die Begriffe Richtungspseudokonvexität einzuführen.

(II') $\Longrightarrow$ (II):

Sei also eine (II)-Situation gegeben: $x^0 \in \mathbb{C}$, $0 < \rho' < \rho$, $0 < r_i' < r_i$ für $1 \leq i \leq n-1$ und holomorphe Funktionen $f_i : \overline{U(x^0,\rho)} \longrightarrow \mathbb{C}$ für $1 \leq i \leq n-1$, so daß mit den Bezeichnungen von Definition 3 c) gilt: $C_1 \cup C_2 \subset G$. Zu zeigen ist also:

$C = \{(x,y_1,\ldots,y_{n-1}) \varepsilon \mathbb{C}^n : |x-x^0|<\rho, |y_i-f_i(x)|<r_i \text{ für } 1\leq i\leq n-1\} \subset G.$

Sei also ein Punkt $\hat{z} = (\hat{x},\hat{y}_1,\ldots,\hat{y}_{n-1}) \ \varepsilon \ C$ vorgegeben. Man wähle $2 \cdot (n-1)$ Zahlen $0 < \hat{r}_i^! < \hat{r}_i$ mit: $\hat{r}_i^! < r_i^!$, $\hat{r}_i < r_i$ und $|\hat{y}_i - f_i(\hat{x})| < \hat{r}_i$; und setze $\varepsilon := \min(r_i - \hat{r}_i, r_i^! - \hat{r}_i^!, \hat{r}_i - |\hat{y}_i - f_i(\hat{x})|)$. Nach Voraussetzung sind die Funktionen f_i auf der abgeschlossenen Kreisscheibe $\overline{U}(x^0,\rho)$ holomorph, also auch auf der offenen Kreisscheibe $U(x^0,\rho")$ mit geeignetem $\rho" > \rho$. Durch Potenzreihenentwicklung findet man Polynome P_i mit: $||P_i - f_i||_{\overline{U}(x^0,\rho)} < \varepsilon$. Man betrachte jetzt folgende Daten: x^0, $0 < \rho' < \rho$, $0 < \hat{r}_i^! < \hat{r}_i$ und $P_i : \mathbb{C} \longrightarrow \mathbb{C}$, von denen gezeigt werden soll, daß diese eine (II')-Situation geben. Um dies zu sehen, muß also folgendes gezeigt werden:

a) $\hat{C}_1 := \{(x,y_1,\ldots,y_{n-1}) \ \varepsilon \ \mathbb{C}^n : \rho' < |x-x^0| < \rho, |y_i-P_i(x)| < \hat{r}_i\} \subset G$

und

b) $\hat{C}_2 := \{(x,y_1,\ldots,y_{n-1}) \ \varepsilon \ \mathbb{C}^n : |x-x^0| < \rho, |y_i-P_i(x)| < \hat{r}_i^!\} \subset G.$

Zu a):

Sei $(x,y) \ \varepsilon \ \hat{C}_1$; dann folgt: $\rho' < |x - x^0| < \rho$ und $|y_i - f_i(x)| \leq |y_i - P_i(x)| + |P_i(x) - f_i(x)| < \hat{r}_i + \varepsilon \leq r_i$; also liegt der Punkt $(x,y) \ \varepsilon \ C_1$ und damit in G.

Zu b):

Man zeigt analog: $\hat{C}_2 \subset C_2 \subset G$.

Nun ist aber vorausgesetzt, daß G (II')-pseudokonvex in $(y_1,\dots,y_{n-1})$-Richtung ist; somit ist
$\hat{C} := \{(x,y_1,\dots,y_{n-1}) \in \mathbb{C}^n : |x - x^o| < \rho,\ |y_i - P_i(x)| < \hat{r}_i\}$
in G gelegen. Es gilt dann für unseren Punkt $\hat{z}$: $|\hat{x} - x^o| < \rho$
und $|\hat{y}_i - P_i(\hat{x})| \leq |\hat{y}_i - f_i(\hat{x})| + |f_i(\hat{x}) - P_i(\hat{x})|$
$< |\hat{y}_i - f_i(\hat{x})| + \varepsilon \leq \hat{r}_i$, das heißt: $\hat{z} \in \hat{C} \subset G$. Damit ist gezeigt: $C \subset G$, und G ist (II)-pseudokonvex in $(y_1,\dots,y_{n-1})$-Richtung.

(II) $\Longrightarrow$ (0)

Sei folgende Situation aus Definition 3 a gegeben: $x^o \in \mathbb{C}$, $r > 0$ und stetige Funktionen $f_i : \overline{U(x^o,r)} \times I \longrightarrow \mathbb{C}$, die bei festem $t \in I$ über $\overline{U(x^o,r)}$ holomorph sind, so daß mit den Bezeichnungen aus Definition 3 gilt: $\bigcup_{0<t\leq 1} F_t \cup \partial F_o \subset G$. Zu zeigen ist: $F_o \subset G$!

Da ∂F_o kompakt in G liegt, gibt es Zahlen $0 < \rho' < r$ und $r' > 0$, so daß gilt:

$$\{(x,y_1,\dots,y_{n-1}) \in \mathbb{C}^n : \rho' \leq |x-x^o| < \rho, |y_i - f_i(x,0)| < 2r'\} \subset\subset G.$$

Ferner gilt für hinreichend kleines $t_o \in (0,1)$:

$$|f_i(x,0) - f_i(x,t)| < r' \text{ für } 0 \leq t \leq t_o \text{ und } |x - x_o| \leq r.$$

Setze mit $f_i := (f_i(\ ,t_o) : \overline{U(x^o,r)} \longrightarrow \mathbb{C}\ (1 \leq i \leq n-1)$:

$$C_1 := \{(x,y_1,\dots,y_{n-1}) \in \mathbb{C}^n : \rho' < |x-x^o| < r \text{ und } |y_i - f_i(x)| < r'\}.$$

Sei $(x,y) \in C_1$, so folgt wegen:

$$|y_i-f_i(x,0)| \leq |y_i-f_i(x,t_o)| + |f_i(x,t_o)-f_i(x,0)| < 2r'$$

daß (x,y) in G enthalten ist; also gilt $C_1 \subset G$. Wegen $F_{t_o} \subset\subset G$ gilt mit geeignetem positiven $r'' < r'$:

$$C_2 := \{(x,y_1,\ldots,y_{n-1}) \in \mathbb{C}^n : |x-x^o|<r \text{ und } |y_i-f_i(x)|<r''\} \subset G.$$

Nach Definition der (II)-Pseudokonvexität liegt nun folgende Punktmenge $C := \{(x,y_1,\ldots,y_{n-1}) \in \mathbb{C}^n : |x-x^o|<r$ und $|y_i - f_i(x)| < r'\}$ in G; also gilt wegen der Wahl von r' auch: $F_o \subset C \subset G$. Also ist G (0)-pseudokonvex in $(y_1,\ldots,y_{n-1})$-Richtung.

(0) $\Longrightarrow$ (I):
Sei folgende Situation aus Definition 3 b) gegeben: $x^o \in \mathbb{C}$, $r > 0$ und stetige Funktionen $f_i : \overline{U}(x^o,r) \times I \longrightarrow \mathbb{C}$, die bei festem $t \in I$ auf $\overline{U}(x^o,r)$ holomorph sind, so daß gilt:

$$(x^o,f_1(x^o,0),\ldots,f_{n-1}(x^o,0)) \notin G, \text{ aber}$$
$$\{(x,f_1(x,0),\ldots,f_{n-1}(x,0)) : 0 < |x - x^o| \leq r\} \subset G.$$

Nehme man an, die Aussage von Definition 3 b) für diese gegebene Situation sei nicht erfüllt. So findet man eine positive Zahl $\varepsilon_o < r$ und eine monoton gegen Null fallende Punktfolge $\{t_\nu\}_{\nu=1}^{\infty}$ in $(0,1)$ mit folgender Eigenschaft:

$$\bigcup_{\nu=1}^{\infty} \{(x,f_1(x,t_\nu),\ldots,f_{n-1}(x,t_\nu)) : |x-x^o| \leq \varepsilon_o\} \subset G.$$

Nach Voraussetzung findet man eine positive Zahl $\tau < 1$ mit:

$$\{(x,f_1(x,t),\ldots,f_{n-1}(x,t)) : 0 \leq t \leq \tau,\ |x-x^o| = \varepsilon_o\} \subset G.$$

Sei ν_o so, daß $t_{\nu_o} < \tau$; dann gibt es sicher eine Zahl $t' \in (0,t_{\nu_o})$ mit: $\{(x,f_1(x,t),\ldots,f_{n-1}(x,t)) : t' < t \leq t_{\nu_o},\ |x - x^o| \leq \varepsilon_o\} \subset G$. Da G (O)-pseudokonvex in $(y_1,\ldots,y_{n-1})$-Richtung ist, folgt leicht, daß das Infinum dieser Zahlen t' gleich Null ist, und daß dann im Widerspruch zu obiger Annahme auch der Punkt $(x^o,f_1(x^o,0),\ldots,f_{n-1}(x^o,0))$ in G liegt. Also ist gezeigt, daß G (I)-pseudokonvex in $(y_1,\ldots,y_{n-1})$-Richtung ist.

(I) $\Longrightarrow$ (II'):

a) Man bemerke, daß die mit Polynomen $P_1,\ldots,P_{n-1}$ und einem Punkt $x^o \in \mathbb{C}$ wie folgt gebildete biholomorphe Abbildung $T : \mathbb{C}^n \longrightarrow \mathbb{C}^n : T(x,y_1,\ldots,y_n) := (x-x^o,y_1-P_1(x),\ldots,y_{n-1}-P_{n-1}(x))$ Gebiete, die (I)-pseudokonvex in $(y_1,\ldots,y_{n-1})$-Richtung sind, in ebensolche überführt. Also genügt es zum Nachweis, daß G (II')-pseudokonvex in $(y_1,\ldots,y_{n-1})$-Richtung ist, folgendes zu zeigen:

(*) wenn für Zahlen $0 < \rho' < \rho$ und $0 < r_i' < r_i$ für $1 \leq i \leq n - 1$ gilt:

$C_1 := \{(x,y_1,\ldots,y_{n-1}) \in \mathbb{C}^n : \rho'<|x|<\rho,\ |y_i|<r_i\} \subset G$ und
$C_2 := \{(x,y_1,\ldots,y_{n-1}) \in \mathbb{C}^n : |x|<\rho,\ |y_i|<r_i'\} \subset G$,

so ist auch folgende Inklusion richtig:

$$C := \{(x,y_1,\dots,y_{n-1}) \in \mathbb{C}^n : |x| < \rho,\ |y_i| < r_i\} \subset G.$$

b) Sei also die Situation (*) von a) gegeben. Für $0 \leq k < n$ setze man: $\sum_k := \{(x,y) \in \mathbb{C}^n : |x|<\rho,\ |y_i|<r_i$ für $1 \leq i \leq k$, $|y_j| < r'_j$ für $j > k\}$; es gilt: $\sum_0 = C_2 \subset G$ und $\sum_{n-1} = C$. Unter der Annahme $C \not\subset G$ gibt es eine Zahl $l \in \{1,\dots,n-1\}$ mit: $\sum_l \not\subset G$ aber $\sum_{l-1} \subset G$. Wähle jetzt einen Punkt $(x^o,y^o) \in \sum_l - G$ und setze: $M := \{(x,y) \in \sum_l - G : y_i = y_i^o$ für alle $i \neq l\}$. Dann gilt für jeden Punkt $(x,y) \in M$: $r_l > |y_l| \geq r'_l$ und $|x| \leq \rho'$. Mit $r''_l := \frac{1}{2}(|y_l^o| + r_l)$ gilt: $|y_l^o| < r''_l < r_l$. Also gibt es eine positive Zahl λ mit: $\frac{1}{(r''_l)^2} + \lambda(\rho')^2 < \frac{1}{|y_l^o|^2}$. Mit dieser Zahl betrachte man folgende stetige Funktion:

$$d : \mathbb{C} \times [\mathbb{C} - (0)] \longrightarrow \mathbb{R}_{>o},$$

definiert durch $d(s,t) := [\frac{1}{|t|^2} + \lambda|s|^2]^{1/2}$ und setze $d_o := \sup\{d(x,y_l) : (x,y) \in M\}$. Wegen $d_o \geq d(x^o,y_l^o) > [\frac{1}{(r''_l)^2} + \lambda(\rho')^2]^{1/2} \geq [\frac{1}{(r''_l)^2} + \lambda|x|^2]^{1/2} \geq d(x,y_l)$ für alle Punkte $(x,y) \in M$ mit $|y_l| > r''_l$ gilt:

$$d_o = \sup\{d(x,y_l) : (x,y) \in M \text{ und } |y_l| \leq r''_l\};$$

also gibt es einen Punkt $(x^1,y^1) \in M$ mit $d_o = d(x^1,y_l^1)$.

Da für $t \geq 1$: $d_o^2 t - \lambda|x^1|^2 \geq d_o^2 - \lambda|x^1|^2 = \frac{1}{|y_1^1|^2} > 0$ ist, gilt:

$$\frac{1}{r_1} < \frac{1}{|y_1^1|} \leq |\bar{y}_1^1(d_o^2 t - \lambda|x^1|^2)|.$$

Mit geeigneten Zahlen $r_o > 0$, $\varepsilon > 0$ und $t_o > 1$ erhält man:

α) $\{x : |x - x^1| \leq r_o + \varepsilon\} \subset \{x : |x| < \rho\}$,

β) für alle x mit $|x - x^1| \leq r_o + \varepsilon$ und alle $t \in [1, t_o]$ gilt:

$$|\bar{y}_1^1(d_o^2 t - \lambda\bar{x}^1 x)| > \frac{1}{r_1}.$$

Man definiere dann folgende Funktionen über $\overline{U(x^1, r_o)} \times [1, t_o]$:
$f_i(x,t) \equiv y_i^o$ für $1 \leq i \leq n - 1$, $i \neq 1$, und
$f_1(x,t) := [\bar{y}_1^1(d_o^2 t - \bar{x}^1 \lambda x)]^{-1}$, und hat so eine Situation von Definition 3 b).

Wegen β) gilt für $|x - x^1| \leq r_o$ und $1 \leq t \leq t_o$:
$(x, f_1(x,t), \ldots, f_{n-1}(x,t)) \in \sum_1$. Weiter liefert folgende Rechnung für einen Punkt $(x, f_1(x,t), \ldots, f_{n-1}(x,t))$ mit $|x - x^1| \leq r_o$ und $1 \leq t \leq t_o$:

$$\begin{aligned}
d^2(x, f_1(x,t)) &= \lambda\bar{x}x + |d_o^2 t - \lambda\bar{x}^1 x|^2 |y_1^1|^2 \\
&= \lambda\bar{x}x + \left|\frac{t}{|y_1^1|^2} + \lambda x^1\bar{x}^1 t - \lambda\bar{x}^1 x\right|^2 |y_1^1|^2 \\
&= \lambda\bar{x}x + |y_1^1|^2 \left(\frac{t}{|y_1^1|^2} + \lambda\bar{x}^1(tx^1 - x)\right)\left(\frac{t}{|y_1^1|^2} + \lambda x^1(\bar{x}^1 t - \bar{x})\right) \\
&= t^2\left(\frac{1}{|y_1^1|^2} + \lambda|x^1|^2\right) + \lambda\left(|x - tx^1|^2 + \lambda|x^1|^2 |x - x^1 t|^2 |y_1^1|^2\right) \\
&= t^2 d_o^2 + \lambda|x - tx^1|^2 |y_1^1|^2 \left(\frac{1}{|y_1^1|^2} + \lambda|x^1|^2\right) \\
&= d_o^2[t^2 + \lambda|y_1^1|^2 |x - x^1 t|^2].
\end{aligned}$$

Also folgt für $t > 1$ und $|x - x^1| \leq r_o$ bzw. $t = 1$ und $0 < |x - x^1| \leq r_o$ wegen $d^2(x,f_1(x,t)) > d_o^2$: $(x,f_1(x,t),\ldots,f_{n-1}(x,t)) \in G$, was im Widerspruch zur Definition 3 b steht.

Damit ist Satz 6 in aller Ausführlichkeit bewiesen.

Satz 7:

Sei ein Gebiet $G \subset \mathbb{C}^n = \mathbb{C}_x^1 \times \mathbb{C}_{y_1,\ldots,y_{n-1}}^{n-1}$ pseudokonvex in $(y_1,\ldots,y_{n-1})$-Richtung, so gilt für positives ε: jede Zusammenhangskomponente der ε-Schrumpfung $G^{(\varepsilon)} := \{z \in G : \overline{U}(z,\varepsilon) \subset G\}$ von G ist pseudokonvex in $(y_1,\ldots,y_{n-1})$-Richtung.

Beweis:

Sei für eine solche Zusammenhangskomponente G' von $G^{(\varepsilon)}$ folgende Situation aus Definition 3 a gegeben: $x^o \in \mathbb{C}$, $r > 0$ und stetige Funktionen $f_i : \overline{U}(x^o,r) \times I \longrightarrow \mathbb{C}$, die bei festem $t \in I$ über $\overline{U}(x^o,r)$ holomorph sind, so daß mit den Bezeichnungen von Definition 3 a gilt:

$$\bigcup_{0<t\leq 1} F_t \cup \partial F_o \subset G'.$$

Unter der Annahme $F_o \not\subset G'$ findet man Punkte $(x^1,f_1(x^1,0),\ldots,f_{n-1}(x^1,0)) =: (x^1,y') \in \partial G'$ mit $|x^1 - x^o| < r$ und $(x^2,y_1'',\ldots,y_{n-1}'') \in \partial G$, für die gilt: $|(x^2,y'') - (x^1,y')| = \varepsilon$. Mit $\hat{x}^o := x^o - x^1 + x^2$ und den Funktionen $g_i(x,t) := f_i(x + x^1 - x^2,t) - y_i' + y_i''$ über $\overline{U}(\hat{x}^o,r) \times I$ erhält man eine Situation von Definition 3 a für das Gebiet G, woraus wegen der Richtungspseudokonvexität von G folgt:

$$\{(x,g_1(x,0),\ldots,g_{n-1}(x,0)) \;:\; |x - \hat{x}^0| \leq r\} \subset G.$$

Wegen $|x^2 - \hat{x}^0| = |x^1 - x^0| < r$ und $(x^2,y'') = (x^2,g_1(x^2,0),\ldots,g_{n-1}(x^2,0)) \in G$ folgt ein Widerspruch zur obigen Annahme. Also ist G' pseudokonvex in $(y_1,\ldots,y_{n-1})$-Richtung.

II 2.5: Richtungspseudokonvexität und Hartogs-Radien

In I.2 ist für Einheitsvektoren $a \in \mathbb{C}^n$ der Randabstand in a-Richtung $\Delta_G(\;;a)$ für ein Gebiet G eingeführt worden. Wir wollen unter diesen Randabständen diejenigen auszeichnen, die durch Vektoren $e_i = (0,\ldots,1,0,\ldots,0)$ $(1 \leq i \leq n)$ bestimmt sind. Man nennt den Richtungs-Randabstand in e_i-Richtung den "i-ten Hartogs-Radius von G" und schreibt $\Delta_G^i(\;)$ statt $\Delta_G(\;;e_i)$.

Mit dieser Definition läßt sich dann formulieren:

Satz 8:

Für ein Gebiet $G \subset \mathbb{C}^n$, das in den $(z_1,\ldots,z_{j-1},z_{j+1},\ldots,z_n)$-Richtungen $(1 \leq j \leq n-1)$ pseudokonvex ist, gilt: die Funktion $-\log \Delta_G^n : G \longrightarrow \mathbb{R}_{-\infty}$ ist plurisubharmonisch.

Beweis:

Im Rahmen dieses Beweises setze man $f_G := -\log \Delta_G^n$.

a) Mit einem einfachen Kompaktheitsargument folgt die obere Halbstetigkeit von f_G.

b) Zu zeigen ist, daß G längs jeder komplexen Geraden subharmonisch ist. Dies soll in mehreren Schritten hergeleitet werden.

α) Behauptung: Um b) zu zeigen, genügt es, für ein Gebiet G', das die Voraussetzungen von Satz 8 erfüllt und noch den Nullpunkt enthält, zu beweisen, daß mit $f_{G'} := -\log \Delta^n_{G'}$ für alle Einheitsvektoren $a \in \mathbb{C}^n$ die Funktion $\lambda \longrightarrow f_{G'}(\lambda \cdot a)$ in einer Nullumgebung subharmonisch ist.

Denn:

Sei $z^0 \in G$ ein beliebiger Punkt und $a \in \mathbb{C}^n$ ein Einheitsvektor. Da offenbar das um z^0 verschobene Gebiet $G' := G - z^0$ den Voraussetzungen von α) genügt, ist die Funktion $\lambda \longrightarrow f_{G'}(\lambda \cdot a)$ nahe Null subharmonisch. Andererseits gilt: $f_{G'}(\lambda \cdot a) = f_G(z^0 + \lambda \cdot a)$, womit α) bewiesen ist.

β) Behauptung: Gilt für jedes Gebiet $G'' \ni 0$, das in $(z_2,\ldots,z_n)$-Richtung pseudokonvex ist, daß die Funktionen $\lambda \longrightarrow f_{G''}(\lambda,0,\ldots,0)$ und $\lambda \longrightarrow f_{G''}(0,\ldots,0,\lambda)$ mit $f_{G''} := -\log \Delta^n_{G''}$ nahe dem Nullpunkt subharmonisch sind, so folgt bereits die Aussage b).

Denn:

Wegen α) sei ein Gebiet G' mit den dort gemachten Voraussetzungen und ein Einheitsvektor $a \in \mathbb{C}^n$ gegeben. Es gibt zwei Fälle zu betrachten.

1. Fall: Für ein $i \leq n - 1$ gelte: $a_i \neq 0$. Man betrachtet dann folgende biholomorphe Abbildung des $\mathbb{C}^n$ auf sich: $T_1(z) := (z_1, \ldots, z_{i-1}, \frac{z_i}{a_i}, z_{i+1}, \ldots, z_n)$. Wie man sofort sieht, ist das Bildgebiet $G_1'' := T_1(G')$ ebenfalls pseudokonvex in den Richtungen, in denen G' pseudokonvex ist, und es gilt nahe dem Nullpunkt: $\Delta^n_{G'}(a \cdot \lambda) = \Delta^n_{G_1''}(a_1\lambda, \ldots, a_{i-1}\lambda, \lambda, \ldots, a_n\lambda)$. Mit folgender Scherung $T_2(z) := (z_i, z_1 - a_1 z_i, \ldots, z_{i-1} - a_{i-1} z_i, z_{i+1} - a_{i+1} z_i, \ldots)$ erhält man als Bildgebiet $G'' := T_2(G_1'')$ ein in $(z_2, \ldots, z_n)$-Richtung pseudokonvexes Gebiet. Wegen $\Delta^n_{G''}(\lambda, 0, \ldots, 0) = \Delta^n_{G_1''}(a_1\lambda, \ldots, \lambda, \ldots, a_n\lambda)$ und der Voraussetzung von β) folgt: $\lambda \longrightarrow f_{G'}(\lambda \cdot a)$ ist nahe Null subharmonisch.

2. Fall: Ist $a = (0, \ldots, 0, 1)$, so folgt nach Voraussetzung die Subharmonizität von $\lambda \longrightarrow f_{G'}(\lambda \cdot a)$.

Mit α) folgt dann die Behauptung von β).

γ_1) Behauptung: Sei G'' ein Gebiet im $\mathbb{C}^n$ mit $0 \in G''$, das in $(z_2, \ldots, z_n)$-Richtung pseudokonvex ist, so gilt mit $f_{G''} := -\log \Delta^n_{G''}$: die Funktion $\lambda \longrightarrow f_{G''}(0, \ldots, 0, \lambda)$ ist nahe Null subharmonisch.

Denn:

Mit $\widetilde{G}'' := \{\lambda \in \mathbb{C} : (0, \ldots, 0, \lambda) \in G''\}$ und $f_{G''}(0, \ldots, 0, \lambda) = -\log \Delta_{\widetilde{G}''}(\lambda)$ folgt sofort (II. 1.3) die Behauptung.

γ_2) Behauptung: Ein Gebiet $G''' \subset \mathbb{C}^n$, das den Voraussetzungen von γ_1) genügt und $\overline{U}(0,\rho) \times (0)\times\ldots\times(0)$ enthält, hat folgende Eigenschaft: für alle Punkte $\lambda_o \in U(0,\rho)$ und alle Zahlen $r > 0$ mit $\overline{U}(\lambda_o,r) \subset U(0,\rho)$ gilt:

$$\sup_{\lambda\in\overline{U}(\lambda_o,r)} \varphi(\lambda) = \sup_{\lambda\in\partial U(\lambda_o,r)} \varphi(\lambda),$$

wobei $\varphi(\lambda) := f_{G'''}(\lambda,0,\ldots,0) = -\log \Delta^n_{G'''}(\lambda,0,\ldots,0)$ gelte.

Denn:

Gilt diese Gleichheit nicht, so gibt es einen Punkt $\lambda'' \in U(\lambda_o,r)$ und eine reelle Zahl m mit:
$\varphi(\lambda'') > m > \sup_{\partial U(\lambda_o,r)} \varphi(\lambda)$; das heißt aber: für alle Punkte λ mit $|\lambda - \lambda_o| = r$ gilt:

$$\Delta^n_{G'''}(\lambda'',0,\ldots,0) < e^{-m} =: \hat{m} < \Delta^n_{G'''}(\lambda,0,\ldots,0). \qquad (*)$$

Wegen $\{z \in \mathbb{C}^n : |z_1 - \lambda_o| \leq r,\ z_i = 0 \text{ für } i \geq 2\} \subset G'''$ nach Voraussetzung und
$\{z \in \mathbb{C}^n : |z_1-\lambda_o| = r,\ z_i = 0 \text{ für } 2 \leq i \leq n-1 \text{ und } |z_n| \leq \hat{m}\} \subset G'''$ nach (*) folgt mit der Eigenschaft aus Definition 3 c) für Richtungspseudokonvexität:
$\{z \in \mathbb{C}^n : |z_1-\lambda_o| \leq r,\ z_i = 0 \text{ für } 2 \leq i \leq n-1,\ |z_n| < \hat{m}\} \subset G'''$.
Also gilt speziell: $\Delta^n_{G'''}(\lambda'',0,\ldots,0) \geq \hat{m}$, was der Ungleichung (*) widerspricht.

γ_3) Behauptung: Für ein Gebiet $G'' \subset \mathbb{C}^n$, das den Voraussetzungen von γ_1) genügt, ist die Funktion $\lambda \longrightarrow f_{G''}(\lambda,0,\ldots,0)$ mit $f_{G''} := -\log \Delta^n_{G''}$ nahe Null subharmonisch.

Denn:

Diese Behauptung soll unter wesentlicher Ausnutzung der Tatsache γ_2) bewiesen werden. Sei also $\overline{U}(0,\rho) \times (0)\mathrm{x}\ldots\mathrm{x}(0) \subset G''$, und sei auf $U(0,\rho)$ gesetzt: $\psi(\lambda) := f_{G''}(\lambda,0,\ldots,0)$. Zu zeigen ist also die Subharmonizität der nach oben halbstetigen Funktion ψ auf $U(0,\rho)$. Sei $h : \overline{U}(\lambda',r) \longrightarrow \mathbb{R}$ eine stetige, in $U(\lambda',r) \subset\subset U(0,\rho)$ harmonische Funktion mit $h \geq \psi$ auf $\partial U(\lambda',r)$. Für einen beliebigen Punkt $\lambda^* \in U(\lambda',r)$ ist jetzt zu zeigen: $h(\lambda^*) \geq \psi(\lambda^*)$. Nun, für positives $\varepsilon > 0$ gibt es nach II.1.2 Satz 4 ein Polynom $P \in \mathbb{C}[\lambda - \lambda']$ mit $\|\mathrm{Re}P - h\|_{\overline{U}(\lambda',r)} < \frac{\varepsilon}{2}$. Mit diesem Polynom betrachte man die folgende biholomorphe Abbildung $T_3 : \mathbb{C}^n \longrightarrow \mathbb{C}^n$ mit $T_3(z) := (z_1,\ldots,z_{n-1},z_n e^{P(z)})$. Als Bild $G''' := T_3 G''$ erhält man dann ein in $(y_2,\ldots,y_n)$-Richtung pseudokonvexes Gebiet G''' mit $\overline{U}(0,\rho) \times \{0\}\mathrm{x}\ldots\mathrm{x}\{0\} \subset G'''$. Es gilt offenbar: $\Delta^n_{G'''}(\lambda,\tilde{0}) = \Delta^n_{G''}(\lambda,\tilde{0})e^{\mathrm{Re}P(\lambda)}$. Also folgt mit γ_2) für $\varphi(\lambda) = -\log \Delta^n_{G'''}(\lambda,\tilde{0})$:

$$\sup_{|\lambda-\lambda'|\leq r} |\psi(\lambda) - \mathrm{Re}\, P(\lambda)| = \sup_{|\lambda-\lambda'|\leq r} \varphi(\lambda) = \sup_{|\lambda-\lambda'|=r} \varphi(\lambda) =$$

$$= \sup_{|\lambda-\lambda'|=r} |\psi(\lambda) - \mathrm{Re}\, P(\lambda)| \leq \sup_{|\lambda-\lambda'|=r} |h(\lambda) - \mathrm{Re}P(\lambda)| < \frac{\varepsilon}{2} .$$

Also gilt speziell für den Punkt $\lambda^* \in U(\lambda',r)$:

$$\psi(\lambda^*) \le \frac{\varepsilon}{2} + \operatorname{Re} P(\lambda^*) \le h(\lambda^*) + \varepsilon.$$

Mit $\varepsilon \longrightarrow 0$ folgt also die Behauptung $\psi(\lambda^*) \le h(\lambda^*)$.

Mit γ_1) und γ_3) und β) folgt dann sofort die Behauptung des Satzes.

q.e.d.

Korollar 8.1:

Ist ein Gebiet G im $\mathbb{C}^n$ in allen Richtungen, d.h. in jeder $(z_1,\ldots,z_{j-1},z_{j+1},\ldots,z_n)$-Richtung für $1 \le j \le n$, pseudokonvex, so gilt für jeden Hartogs-Radius Δ_G^i von G: $-\log \Delta_G^i : G \longrightarrow \mathbb{R}_{-\infty}$ ist eine auf G plurisubharmonische Funktion.

Bemerkung: Es gilt sogar, wie Kimura zeigen konnte, daß jedes Gebiet im $\mathbb{C}^n$, welches in einer Richtung pseudokonvex ist, bereits in allen Richtungen pseudokonvex ist.

An Satz 8 schließt sich dann sofort folgende, nun einfach zu beweisende Tatsache an:

Satz 9:

Sei $G \subset \mathbb{C}^n$ ein Gebiet, das dem schwachen Kontinuitätsprinzip genügt. Dann ist für jeden Einheitsvektor $a \in \mathbb{C}^n$ die Funktion $-\log \Delta_G(\ ;a) : G \longrightarrow \mathbb{R}_{-\infty}$ plurisubharmonisch.

Beweis:

Sei ein Einheitsvektor a gegeben; man drehe den $\mathbb{C}^n$ so, daß a mit dem Einheitsvektor e_n zusammenfällt. Das Bildgebiet G' erfüllt dann offenbar auch das schwache Kontinuitätsprinzip, ist also in allen Richtungen pseudokonvex. Wegen $\Delta_G(z;a) = \Delta^n_{G'}(Tz)$ für $z \in G$, wenn T obige Drehung bezeichne, folgt mit Satz 8 sofort die Behauptung.

q.e.d.

Damit läßt sich dann der folgende Satz beweisen:

Satz 1o:

Ist $G \subset \mathbb{C}^n$ ein Gebiet, für welches die Funktionen $-\log \Delta_G(\;;a)$: $G \longrightarrow \mathbb{R}_{-\infty}$ plurisubharmonische Funktionen für alle Einheitsvektoren $a \in \mathbb{C}^n$ sind, so gilt:

a) G ist ein pseudokonvexes Gebiet,

b) $-\log \delta_G : G \longrightarrow \mathbb{R}_{-\infty}$ ist eine plurisubharmonische Funktion.

Beweis:

O.B.d.A. sei $G \neq \mathbb{C}^n$; dann gilt nach I.2.3:

a) $$\Delta_G = \inf_{|a|=1} \Delta_G(\;;a)$$

und

b) $$\delta_G = \inf_{|a|=1} \frac{\Delta_G(\;;a)}{\Delta_p(0,a)}$$

mit dem Einheitspolyzylinder P. Also folgt die Behauptung sofort.

Korollar 1o.1:

Für ein Gebiet $G \subset \mathbb{C}^n$ sind folgende Aussagen äquivalent:

a) G ist pseudokonvex,

b) G erfüllt das schwache Kontinuitätsprinzip

c) die Funktionen $-\log \Delta_G(\ ;a) : G \longrightarrow \mathbb{R}_{-\infty}$ sind sämtlich plurisubharmonisch.

Wir hatten bereits in Satz 8 gesehen, daß aus der Richtungs-pseudokonvexität Eigenschaften der Funktionen $-\log \Delta_G^i$ folgen. Antwort auf die Frage, wie eine Umkehrung von Satz 8 zu lauten hätte, gibt der folgende Satz.

Satz 11:

Sind für ein Gebiet $G \subset \mathbb{C}^n$ $(n \geq 2)$ die Funktionen $-\log \Delta_G^i : G \longrightarrow \mathbb{R}_{-\infty}$ für $2 \leq i \leq n$ plurisubharmonisch, so ist dieses Gebiet in $(z_2,\dots,z_n)$-Richtung pseudokonvex.

Beweis:

Um nachzuweisen, daß G die Eigenschaft von Definition 3 c' erfüllt, genügt es folgendes zu zeigen (siehe Beweis von Satz 6) gilt für Zahlen $0 < \rho' < \rho$ und $0 < r_i' < r_i$ für $2 \leq i \leq n$:
$C_1 := \{z \in \mathbb{C}^n : \rho' < |z_1| < \rho,\ |z_i| < r_i\} \subset G$ und $C_2 := \{z \in \mathbb{C}^n : |z_1| < \rho,\ |z_i| < r_i'\} \subset G$, so liegt auch die Punktmenge $C := \{z \in \mathbb{C}^n : |z_1| < \rho,\ |z_i| < r_i\}$ in G'. Unter der Annahme: $C \not\subset G$ gibt es dann eine Zahl $1 \in \{2,\dots,n\}$ mit:

$_lC := \{z\varepsilon\mathbb{C}^n : |z_1|<\rho, |z_2|<r_2, \ldots, |z_l|<r_l, |z_{l+1}|<r'_{l+1}, \ldots, |z_n|<r'_n\} \not\subset G$

aber

$_{l-1}C := \{z\varepsilon C^n : |z_1|<\rho, |z_2|<r_2, \ldots, |z_{l-1}|<r_{l-1}, |z_l|<r'_l, \ldots, |z_n|<r'_n\} \subset G.$

O.B.d.A. sei $l = 2$ vorausgesetzt. Man wähle dann einen festen Punkt $z^o \varepsilon\, _2C - G$. Es gilt:

$$r'_2 \leq \alpha := \inf\{|z_2| : z\varepsilon\, _2C - G \text{ und } z_i = z_i^o \text{ für } i \geq 3\} \leq |z_2^o| < r_2.$$

Also gibt es eine Folge $\{z^\nu\}_{\nu=1}^\infty$ von Punkten $z^\nu \varepsilon\, _2C - G$ mit $z_i^\nu = z_i^o$ für $i \geq 3$, die gegen einen Punkt $z'' \varepsilon\, _2C - G$ konvergiert mit $|z''_2| = \alpha$ und $|z''_1| \leq \rho'$. Mit $\varepsilon := \frac{1}{2}\min(\alpha, r_2 - \alpha)$ und $z'''_2 := z''_2 - \varepsilon \frac{z''_2}{|z''_2|}$, also $|z'''_2| < \alpha$, gilt: $z''' = (z''_1, z'''_2, z_3^o, \ldots, z_n^o) \varepsilon\, _2C \cap G$. Umgesetzt in die Hartogs-Radien folgt nun: (*) $\Delta_G^2((\lambda, z'''_2, z_3^o, \ldots, z_n^o)) \geq r_2 - \alpha$ für alle Parameter λ mit $|\lambda| = \frac{\rho+\rho'}{2}$ und $\Delta_G^2(z''') \leq \varepsilon < r_2 - \alpha$. Da aber nach Voraussetzung die Funktion $-\log \Delta_G^2$ auf G plurisubharmonisch ist, widersprechen die Ungleichungen (*) dem Maximumsprinzip plurisubharmonischer Funktionen auf analytischen Scheiben. Also gilt doch: $C \subset G$; womit der Satz bewiesen wäre.

Korollar 11.1:

Ein Gebiet $G \subset \mathbb{C}^n$ ist in allen Richtungen pseudokonvex, falls für $1 \leq i \leq n$ die Funktionen $-\log \Delta_G^i : G \longrightarrow \mathbb{R}_{-\infty}$ plurisubharmonisch sind.

II 2.6: ∞-approximierende Funktionen

In diesem Abschnitt wird ein Kriterium für pseudokonvexe Gebiete hergeleitet, das den Begriff des Randabstandes nicht mehr benötigt. Der dabei wesentliche neue Begriff wird durch folgende Definition festgelegt.

Definition 4:

Man sagt von einer auf dem Gebiet $G \subset \mathbb{C}^n$ definierten Funktion $\varphi : G \longrightarrow \mathbb{R}_{-\infty}$: φ "approximiert $+\infty$ auf ∂G", falls alle Teilmengen $\{z \in G : \varphi(z) < c\}$ $(c \in \mathbb{R})$ relativ-kompakt in G liegen.

Beispiel: $G = \mathbb{C}^n$ und $\varphi(z) := |z|^2$.

Es gilt dann folgende vorbereitende Aussage, die ihrerseits auch häufig Anwendung bei Beispielen findet.

Satz 12:

Sei $\varphi : U \longrightarrow \mathbb{R}_{-\infty}$ eine auf der offenen Menge $U \subset \mathbb{C}^n$ plurisubharmonische Funktion, und der Abschluß der offenen Menge $G := \{z \in U : \varphi(z) < 0\}$ liege noch in U; dann ist jede Zusammenhangskomponente von G ein pseudokonvexes Gebiet.

Beweis:

Sei G' irgendeine Zusammenhangskomponente von G (O.Bd.A. $G \neq \mathbb{C}^n$), von der wir jetzt zeigen wollen, daß für sie das schwache Kontinuitätsprinzip gilt. Wäre dies nicht erfüllt, so gäbe es eine durch die Abbildung $F : \overline{E} \longrightarrow G'$ gelieferte analytische Scheibe $S = F(\overline{E})$ mit: $\Delta_{G'}(S) < \Delta_{G'}(\partial S)$. Für geeignete Punkte $z^0 \in S - \partial S$ und $z^1 \in \partial G$ gilt dann: $\Delta_{G'}(z^0) = \Delta_{G'}(S)$ und $\Delta_{G'}(z^0) = |z^1 - z^0|$. Man betrachte die durch folgende Abbildungen $F_t := F + t(z^1 - z^0)$ $(0 \leq t \leq 1)$ definierten analytischen Scheiben S_t, für die man sofort verifiziert:

$$\bigcup_{0 \leq t < 1} S_t \subset G', \; z^1 \in S_1 \text{ und } \bigcup_{0 \leq t \leq 1} \partial S_t \subset\subset G'.$$

Mit geeigneter reeller Zahl $r < 0$ erhält man aus dem Maximumprinzip plurisubharmonischer Funktionen auf analytischen Scheiben:

$$\varphi(z) \leq r \text{ für alle Punkte } z \in \bigcup_{0 \leq t \leq 1} S_t,$$

was der Wahl von z^1 widerspricht. Also erfüllt G' das schwache Kontinuitätsprinzip, ist also mit Korollar 1o.1 pseudokonvex.

q.e.d.

<u>Satz 13:</u>

Für ein Gebiet $G \subset \mathbb{C}^n$ gilt:

G ist pseudokonvex $\Longleftrightarrow$ auf G gibt es eine plurisubharmonische Funktion $\varphi : G \longrightarrow \mathbb{R}_{-\infty}$, die auf ∂G $+\infty$ approximiert.

Beweis:

"$\Longrightarrow$": Man definiere für $z \in G$: $\varphi(z) := \max(|z|^2, -\log \Delta_G(z))$.

"<==":

Für natürliche Zahlen $\nu \in \mathbb{N}$ betrachte man die aufsteigende Folge von in G relativ-kompakt gelegenen Bereichen

$$G_\nu := \{z \in G : \varphi(z) - \nu < 0\}.$$

Mit einem festen Punkt $z^0 \in G$ ist dann nach Satz 12 G als Vereinigung der aufsteigenden Folge pseudokonvexer Gebiete $G_\nu(z^0) := ZK(G_\nu;z^0)$ $(\nu \geq \varphi(z^0))$ wiederum pseudokonvex.

q.e.d.

Korollar 13.1:

Das biholomorphe Bild eines pseudokonvexen Gebietes im $\mathbb{C}^n$ ist auch ein pseudokonvexes Gebiet.

Wir wollen jetzt zeigen, daß Gebiete, die in sämtlichen Richtungen pseudokonvex sind, bereits pseudokonvex sind. Klar ist, daß man Satz 13 benutzen wird, um durch die Funktion $\max\limits_{i=1,\ldots,n} (-\log \Delta_G^i)$ eine auf G plurisubharmonische Funktion, zu erhalten, die auf ∂G + ∞ approximiert. Dieses Verfahren führt aber nur für Schrumpfungen von G zum Erfolg, was aber nach Satz 2 auch genügt. Bevor wir zum Beweis des oben angedeuteten Satzes kommen, benötigen wir folgenden geometrischen Hilfssatz für Schrumpfungen.

Hilfssatz:

Bezeichne $G^{(\varepsilon)} \neq \emptyset$ die ε-Schrumpfung eines Gebietes $G \subset \mathbb{C}^n$, so gilt für eine Randfolge $\{z^\nu\}_{\nu=1}^{\infty} \subset G^{(\varepsilon)}$ mit $z^\nu \underset{\nu\to\infty}{\longrightarrow} z^o \in \partial G^{(\varepsilon)}$:

$$\min_{i=1,\dots,n} \Delta^i_{G^{(\varepsilon)}}(z^\nu) \underset{\nu\to\infty}{\longrightarrow} 0.$$

Beweis:

Unter der Annahme, die Aussage des Satzes sei falsch, findet man eine positive Zahl $\varepsilon_o > 0$ und eine Teilfolge $\{z^{\nu(\mu)}\}_{\mu=1}^{\infty}$ der gegebenen Folge, so daß gilt:

$$\min_{i=1,\dots,n} \Delta^i_{G^{(\varepsilon)}}(z^{\nu(\mu)}) > \varepsilon_o.$$

Geometrische Überlegungen zeigen für $1 \leq i \leq n$ sofort folgende Inklusion:

$$\{z \in \mathbb{C}^n : |z-z^o| = \varepsilon, |z-z^o-\lambda e_i| = \varepsilon \text{ für ein geeignetes } \lambda\in\mathbb{C} \text{ mit } |\lambda|\leq\varepsilon_o\}$$
$$\subset \{z \in \mathbb{C}^n : z_i = z_i^o\}.$$

Wegen $(1 \leq i \leq n)$:

$$G \supset \{z \in \mathbb{C}^n : |z-z^{\nu(\mu)}-\lambda e_i| < \varepsilon \text{ für geeignetes } \lambda\in\mathbb{C} \text{ mit } |\lambda| \leq \varepsilon_o\}$$
$$\downarrow \mu \longrightarrow \infty$$
$$\{z \in \mathbb{C}^n : |z-z^o-\lambda e_i| < \varepsilon \text{ für geeignetes } \lambda \in \mathbb{C} \text{ mit } |\lambda| \leq \varepsilon_o\},$$

gilt für einen Randpunkt z^1 von G mit $|z^1 - z^o| = \varepsilon$:

$$z^1 \in \{z \in \mathbb{C}^n : |z-z^o-\lambda e_i| = \varepsilon \text{ für geeignetes } \lambda \in \mathbb{C} \text{ mit } |\lambda| \leq \varepsilon_o\};$$

also folgt mit obiger Überlegung $z^0 = z^1$, was der Wahl von z^1 widerspricht. Also ist der Hilfssatz bewiesen.

q.e.d.

Es sollte noch bemerkt werden, daß die Aussage dieses Hilfssatzes, nimmt man statt $G^{(\varepsilon)}$ das Gebiet G selbst, im allgemeinen falsch ist. Jetzt folgt mit dem bisher Bekannten leicht der folgende Satz.

Satz 14:

Ein Gebiet G des $\mathbb{C}^n$, das in allen Richtungen pseudokonvex ist, ist bereits pseudokonvex.

Beweis:

Mit einem festen Punkt $z^0 \in G$ und für $\nu \geq \nu_0$ mit einem geeigneten $\nu_0 \in \mathbb{N}$ gilt: $z^0 \in G^{(1/\nu)}$ und die Zusammenhangskomponente G_ν von $G^{(1/\nu)}$, die z^0 enthält, ist in jeder Richtung pseudokonvex; also sind die Funktionen $\varphi_\nu(z) := \max\limits_{1 \leq i \leq n} (-\log \Delta^i_{G_\nu}(z), |z|^2)$ auf G_ν plurisubharmonische Funktionen, die auf ∂G_ν $+\infty$ approximieren. Nach Satz 13 ist also jedes Gebiet G_ν pseudokonvex, also auch deren Vereinigung G.

Korollar 14.1:

Für ein Gebiet $G \subset \mathbb{C}^n$ sind folgende Aussagen äquivalent:

a) G ist pseudokonvex,

b) G erfüllt das schwache Kontinuitätsprinzip,

c) G ist in jeder Richtung pseudokonvex,

d) die Funktionen - log $\Delta_G^i : G \longrightarrow \mathbb{R}_{-\infty}$ sind plurisubharmonisch,

e) es gibt eine auf G plurisubharmonische Funktion, die auf ∂G $+\infty$ approximiert.

Also folgt mit dem Ergebnis von Kimura, daß ein Gebiet G im $\mathbb{C}^n$, das in <u>einer</u> Richtung pseudokonvex ist, bereits pseudokonvex ist.

Wir wollen noch ein hinreichendes Kriterium für Pseudokonvexität angeben, das die Aussage von Satz 12 in gewisser Weise verschärft und somit gut für Anwendungen geeignet ist (siehe II.2.3).

<u>Satz 15:</u>
Sei $\varphi : G \longrightarrow \mathbb{R}_{-\infty}$ eine auf dem pseudokonvexen Gebiet $G \subset \mathbb{C}^n$ plurisubharmonische Funktion, so ist jede Zusammenhangskomponente des Bereiches $G' := \{z \in G : \varphi(z) < 0\}$ pseudokonvex.

Beweis:
Sei G^* eine solche Zusammenhangskomponente von G', sei z^0 ein Punkt aus G^*. Nach Satz 13 gibt es eine auf G plurisubharmonische Funktion $\psi : G \longrightarrow \mathbb{R}_{-\infty}$, die $+\infty$ auf ∂G approximiert. Mit $\varphi_\nu := \max(\varphi, \psi - \nu)$ erhält man für jede natürliche Zahl ν einen relativ-kompakt in G enthaltenen Bereich $G_\nu := \{z \in G : \varphi_\nu(z) < 0\}$ mit: $G_\nu \subset G_{\nu+1}$ und $\bigcup_{\nu=1}^{\infty} G_\nu = G'$. Nach Satz 12 ist jede Zusammenhangskomponente von G_ν pseudokonvex. Für hinreichend großes ν

sind also die Zusammenhangskomponenten der Bereiche G_ν, die z^o enthalten, pseudokonvex, also auch deren Vereingungsgebiet G^*; damit ist Satz 15 bewiesen.

II 2.7: Plurisubharmonisch-konvexe Gebiete

Dem im Kapitel I auftretenden Begriff der Holomorphkonvexität entspricht in der Theorie pseudokonvexer Gebiete der folgende Begriff.

Definition 5:

Ein Gebiet $G \subset \mathbb{C}^n$ heißt "plurisubharmonisch-konvex", falls mit jedem Kompaktum $K \subset G$ die plurisubharmonisch-konvexe Hülle $\hat{K}(P) := \{z \in G : \varphi(z) \leq |||\varphi|||_K$ für jede auf G plurisubharmonische Funktion $\varphi\}$ eine relativ-kompakte Teilmenge von G ist.

Man beweist dann als Analogon zum Satz von Cartan-Thullen:

Satz 16:

Für ein Gebiet $G \subset \mathbb{C}^n$ sind folgende Aussagen äquivalent:

a) G ist pseudokonvex,

b) G ist plurisubharmonisch-konvex.

Beweis:

a) $\Longrightarrow$ b):

Nach Voraussetzung findet man eine plurisubharmonische Funktion $\varphi : G \longrightarrow \mathbb{R}_{-\infty}$, die auf G $+\infty$ approximiert. Für ein Kompaktum

$K \subset G$ gilt dann mit geeigneter reeller Zahl c:

$$K \subset \hat{K}(P) \subset \{z \in G : \varphi(z) < c\} \subset\subset G.$$

b) $\Longrightarrow$ a):

Diese Richtung sei dem Leser als Übungsaufgabe empfohlen. Er zeige analog dem Beweis zu Satz 12, daß G dem schwachen Kontinuitätsprinzip genügt.

q.e.d.

II 2.8: Lokale Pseudokonvexität

Das Ziel bei einer geometrischen Theorie besteht häufig darin, eine globale Eigenschaft durch lokales Verhalten zu beschreiben; man erinnere sich etwa an die Theorie der konvexen Mengen. In diesem Abschnitt soll diese Lokalisierung im Fall "Pseudokonvexität" durchgeführt werden.

Definition 6:

Ein Gebiet $G \subset \mathbb{C}^n$ heißt "lokal-pseudokonvex", falls es zu jedem Randpunkt $z \in \partial G$ eine Kugel $U(z)$ um z gibt, so daß jede Zusammenhangskomponente des Schnittbereiches $G \cap U(z)$ ein pseudokonvexes Gebiet ist.

Das Lokalisierungsproblem ist dann mit folgendem Satz gelöst.

Satz 17:

Ein Gebiet $G \subset \mathbb{C}^n$ ist pseudokonvex, genau dann, wenn es lokal-pseudokonvex ist.

Beweis:

Sei also vorausgesetzt, daß das Gebiet G lokal-pseudokonvex ist. O.B.d.A. kann man zudem annehmen, daß G beschränkt ist. Dann folgt leicht mit einem Kompaktheitsargument: auf einer geeignet gewählten Umgebung U von ∂G gilt, daß die Funktion $-\log \Delta_G : U \cap G \longrightarrow \mathbb{R}_{-\infty}$ plurisubharmonisch ist. Ist nun $G - G^{(\varepsilon)} \subset U \cap G$ für eine passende ε-Schrumpfung von G, so stellt folgende Funktion $\varphi(z) := \max(-\log \Delta_G(z), -\log \frac{\varepsilon}{2})$ auf G eine plurisubharmonische, auf ∂G $+\infty$ approximierende Funktion dar. Mit Satz 13 folgt die Pseudokonvexität von G. Die Umkehrung ist trivial.

q.e.d.

II 2.9: Vereinigung von pseudokonvexen Gebieten

Offenbar ist im allgemeinen die Vereinigung zweier pseudokonvexer Gebiete nicht wieder pseudokonvex. Es soll hier ein hinreichendes Kriterium angegeben werden, unter dem dies dann stets gilt. Anschaulich gesprochen wird diese Eigenschaft das "glatte Ineinandergreifen" der Ränder der betreffenden Gebiete fordern. Genau gilt mit:

Definition 7:

Für Gebiete G_1 und G_2 im $\mathbb{C}^n$ nennt man die folgende Punktmenge

$$G_1 \sqcap G_2 := \overline{(G_1 - G_2)} \cap \overline{(G_2 - G_1)}$$

die "symmetrische Differenz der Gebiete G_1 und G_2".

der folgende Satz

Satz 18:

Für zwei pseudokonvexe Gebiete G_1 und G_2 im $\mathbb{C}^n$, für die gilt:

a) $G_1 \cap G_2 \neq \emptyset$, aber

b) $\overline{G_1} \cap \overline{G_2} = \emptyset$,

ist das Vereinigungsgebiet $G := G_1 \cup G_2$ ein pseudokonvexes Gebiet.

Beweis:

O.B.d.A. genügt es, den beschränkten Fall zu behandeln; G_1 und G_2 seien also beschränkt. Mit den Abkürzungen $D_1 := G_1 - G_2$ und $D_2 := G_2 - G_1$ folgt aus den Voraussetzungen:

$$0 < \operatorname{dist}(\overline{D_1}, \overline{D_2}) = \operatorname{dist}(D_1, D_2) =: a.$$

Im folgenden betrachte man Punkte $z \in G$, die nahe genug $- \Delta_G(z) < \frac{a}{4}$ - am Rand von G liegen und stellt fest: für geeignetes $i = i(z) \in \{1,2\}$ gilt: $\operatorname{dist}(z, \overline{D_i}) \geq \frac{a}{2}$. Sei nun z' ein Punkt aus G mit $|z' - z| < \min(\Delta_G(z), \frac{a}{8}) =: r$, so gilt wegen:

$$\operatorname{dist}(z', \overline{D_i}) > \frac{a}{2} - r > \Delta_G(z) + \frac{a}{8} \geq \Delta_G(z') > 0,$$

daß die abgeschlossene Kugel $\overline{U}(z', \Delta_G(z'))$ die Menge $\overline{D_i}$ nicht schneidet. Also gilt auf der Kugel $U(z,r)$, daß dort die Funktionen Δ_G und Δ_{G_j} mit dem zu i komplementären Index j übereinstimmen;

das heißt aber, daß die Funktion $-\log \Delta_G : G - G^{(a/4)} \longrightarrow \mathbb{R}$ plurisubharmonisch ist. Mit $\varphi := \max(-\log \Delta_G, -\log \frac{a}{8})$ hat man dann eine auf G plurisubharmonische Funktion gefunden, die auf ∂G $+\infty$ approximiert. G ist also pseudokonvex.

q.e.d.

II 2.1o: Streng-pseudokonvexe Gebiete

Wir beginnen mit folgender Definition, die in gewisser Weise die Voraussetzungen von Satz 12 verschärft. Es gilt:

Definition 8:

Ein Gebiet $G \subset \mathbb{C}^n$ heißt "streng-pseudokonvexes Gebiet", falls gilt:

a) G ist beschränkt,

b) auf einer Umgebung $U = U(\partial G)$ des Randes von G gibt es eine streng-plurisubharmonische Funktion $\varphi : U \longrightarrow \mathbb{R}$ mit der folgenden Eigenschaft: $G \cap U = \{z \in U : \varphi(z) < 0\}$.

Man bemerke, daß jedes streng-pseudokonvexe Gebiet offenbar pseudokonvex ist. Der Beweis dazu sei dem Leser empfohlen.

Erinnert man sich an den Approximationssatz II.1 Satz 13 für plurisubharmonische Funktionen, so liegt die Vermutung nahe, daß sich jedes pseudokonvexe Gebiet durch streng-pseudokonvexe Gebiete ausschöpfen läßt. Genauer gilt:

Satz 19:

Für ein pseudokonvexes Gebiet $G \subset \mathbb{C}^n$ gibt es eine Folge $\{G'_\nu\}$ von Teilgebieten $G'_\nu \subset\subset G$, eine Folge $\{G_\nu\}$ von Teilgebieten $G_\nu \subset\subset G'_\nu$ und eine Folge $\{\varphi_\nu\}$ von unendlich-oft stetig differenzierbaren, streng-plurisubharmonischen Funktionen $\varphi_\nu : G'_\nu \longrightarrow \mathbb{R}$ mit:

a) $G'_\nu \subset\subset G'_{\nu+1}$, $G_\nu \subset\subset G_{\nu+1}$ für alle Zahlen $\nu \in \mathbb{N}$,

b) $\bigcup_{\nu=1}^{n} G_\nu = G$,

c) $G_\nu = \{z \in G'_\nu : \varphi_\nu(z) < 0\}$,

d) auf dem Rand von G_ν gilt: $(\text{grad}\, \varphi_\nu)(z) \neq 0$.

Nimmt man an, daß dieser Satz bereits bewiesen wäre, so folgt mit Definition 8 sofort:

Korollar 19.1:

Jedes pseudokonvexe Gebiet G im $\mathbb{C}^n$ ist darstellbar als Vereinigung einer aufsteigenden Folge streng pseudokonvexer Gebiete.

Wir wenden uns jetzt dem Beweis von Satz 19 zu.

Beweis von Satz 19:

1) Da G pseudokonvex ist, gibt es nach Satz 13 eine plurisubharmonische Funktion $V : G \longrightarrow \mathbb{R}$, die $+\infty$ auf ∂G approximiert. Sei für einen festen Bezugspunkt $z^o \in G$ die natürliche Zahl α_o so gewählt, daß $V(z^o) \leq \alpha_o$ gilt. Wie folgt konstruiert

man dann induktiv folgende Zahlenfolge $\{\alpha(\nu)\}$ und Gebietsfolge $\{B_\nu\}$ von Gebieten $B_\nu \subset\subset G$: $\alpha(1) := \alpha_0 + 1$ und $B_1 := ZK(\{z \in G : V(z) < \alpha(1)\}; z^0) \subset\subset G$ und im Induktionsschritt:

$$\alpha(k+1) := \max(\alpha(k), \sup_{z \in B_k} V(z)) + 1$$

und

$$B_{k+1} := ZK(\{z \in G : V(z) < \alpha(k+1)\}; z^0) \subset\subset G.$$

Nach Konstruktion gilt: $z_0 \in B_\nu$, $B_\nu \subset\subset B_{\nu+1}$ für jede natürliche Zahl ν und $\bigcup_{\mu=1}^{\infty} B_\mu = G$.

2) Sei ν eine natürliche Zahl ≥ 3: Mit II.1 Satz 13 findet man eine Folge $\{\varphi_{\nu,\mu}\}_{\mu=1}^{\infty}$ von streng-plurisubharmonischen C^∞-Funktionen $\varphi_{\nu,\mu} : B_{\nu+1} \longrightarrow \mathbb{R}$ mit: $\varphi_{\nu,\mu} \underset{\mu\to\infty}{\searrow} V|_{B_{\nu+1}} - \alpha(\nu)$. Ist $\mu_0 = \mu_0(\nu)$ eine natürliche Zahl mit $\varphi_{\nu,\mu_0}(z^0) < 0$, so setze man für größere natürliche Zahlen μ:

$$B_{\nu,\mu} := ZK(\{z \in B_{\nu+1} : \varphi_{\nu,\mu}(z) < 0\}; z^0) \subset B_\nu.$$

Man sieht sofort: $\{B_{\nu,\mu}\}_{\mu\geq\mu_0}$ ist eine aufsteigende, B_ν ausschöpfende Folge von Gebieten. Wegen $B_{\nu-1} \subset\subset B_\nu$ findet man also einen Index $\mu(\nu) \geq \mu_0$ mit: $\overline{B}_{\nu-1} \subset\subset B_{\nu,\mu(\nu)} \subset B_\nu$. Mit dem Sard'schen Lemma wähle man dann eine Zahl r_ν mit $\max(\varphi_{\nu,\mu(\nu)}(z^0), \sup_{\overline{B}_{\nu-2}} \varphi_{\nu,\mu(\nu)}(z)) < r_\nu < 0$, so daß r_ν kein kritischer Wert der Funktion $\varphi_{\nu,\mu(\nu)} : B_{\nu+1} \longrightarrow \mathbb{R}$ ist. Man setze:

$$\hat{B}_\nu := ZK(\{z \in B_{\nu+1} : \varphi_{\nu,\mu(\nu)}(z) < r_\nu\}; z^0) \subset\subset B_{\nu,\mu(\nu)};$$

und sieht sofort:

1) $B_{\nu-2} \subset\subset \hat{B}_\nu \subset\subset B_\nu \subset\subset B_{\nu+1}$,

2) $\bigcup_{\nu \geq 3} \hat{B}_\nu = G$,

3) $\operatorname{grad} \varphi_{\nu,\mu(\nu)}(z) \neq 0$ für alle $z \in \partial\hat{B}_\nu$.

Mit folgender Festlegung folgt dann sofort die Aussage des Satzes: $G'_\nu := B_{3\nu+2}$, $G_\nu := \hat{B}_{3\nu+1}$ und $\varphi_\nu := \varphi_{3\nu+1,\mu(3\nu+1)}$.

q.e.d.

II 2.11: Randfunktionen

Es soll im folgenden versucht werden, pseudokonvexe Gebiete nur durch Verhalten ihres Randes zu charakterisieren. Dieser Abschnitt wird die notwendigen Hilfsmittel für das eben ausgesprochene Ziel bereitstellen.

Wir beginnen mit der Einführung von Gebieten, deren Rand ein genügend glattes Verhalten zeigt. Man definiert:

Definition 9:

a) Sei $G \subset \mathbb{C}^n$ ein Gebiet und sei z^0 ein Randpunkt von G. Eine "lokale Randfunktion von G in z^0" ist dann ein Paar (U,φ) mit einer offenen Umgebung $U = U(z^0)$ von z^0 und einer zweimal stetig-differenzierbaren Funktion $\varphi : U \longrightarrow \mathbb{R}$, so daß gilt:

1) $U \cap G = \{z \in U : \varphi(z) < 0\}$

2) $(\operatorname{grad}\varphi)(z) \neq 0$ für alle $z \in U$.

b) Sei $G \subset\subset \mathbb{C}^n$, so ist eine "globale Randfunktion von G" ein Paar (U,φ), wobei U eine offene Umgebung von ∂G und $\varphi : U \longrightarrow \mathbb{R}$ eine C^2-Funktion ist, so daß folgendes gilt:

1) $U \cap G = \{z \in U : \varphi(z) < 0\}$ und

2) $(\operatorname{grad}\varphi)(z) \neq 0$ für alle $z \in U$.

Folgendes Lemma beschreibt den Zusammenhang zweier Randfunktionen im gleichen Randpunkt:

Lemma 1:

Seien (U,φ) und (W,ψ) lokale Randfunktionen eines Gebietes $G \subset \mathbb{C}^n$ in dem Randpunkt $z^0 \in \partial G$, so findet man auf einer geeigneten Umgebung $V = V(z^0) \subset U \cap W$ von z^0 eine positive C^1-Funktion $h : V \longrightarrow \mathbb{R}_{>0}$ mit der Eigenschaft, daß auf V gilt: $\varphi \equiv h \cdot \psi$.

Beweis:

Wegen des Satzes über implizite Funktionen kann man sich auf folgende Situation beschränken: auf einer Kugel V um 0 seien die Funktionen $\varphi(z) = x_1$ und $\psi : V \longrightarrow \mathbb{R}$ mit $\psi|_{V \cap [z:x_1=0]} \equiv 0$ gegeben. Wegen $(\operatorname{grad} \psi)(z) \neq 0$ auf V gilt: $\frac{\partial\psi}{\partial x_1}(z) \neq 0$ auf V, wenn V nur hinreichend klein gewählt ist. Mit

$$\psi(z) = \int_0^1 \frac{d}{dt}\,\psi(tx_1+iy_1,\tilde{z})dt = [\int_0^1 \frac{\partial\psi}{\partial x_1}(tx_1+iy_1,\tilde{z})dt] \cdot x_1$$

folgt sofort die Behauptung des Lemmas.

Auf die Frage, ob man die lokalen Randfunktionen zu einer globalen Randfunktion zusammenkleben kann, gibt der folgende Satz eine Antwort.

Lemma 2:

Hat das Gebiet $G \subset\subset \mathbb{C}^n$ in jedem Randpunkt eine lokale Randfunktion, so wird G bereits durch eine globale Randfunktion beschrieben.

Beweis:

Da der Rand ∂G kompakt ist, findet man endlich viele lokale Randfunktionen (U_ν, φ_ν) - $\nu = 1,\dots,r$ - von G in den Randpunkten z_ν - $\nu = 1,\dots,r$ -, so daß gilt: $\partial G \subset \bigcup_{\nu=1}^{r} U_\nu =: U$. Zu einer Randumgebung $V = V(\partial G) \subset\subset U$ wähle man C^∞-Funktionen $h_1,\dots,h_r$ über dem ganzen $\mathbb{C}^n$ mit folgenden Eigenschaften: $0 \leq h_i \leq 1$, Träger $(h_i) \subset\subset U_i$ und $\sum_{i=1}^{r} h_i \equiv 1$ auf V. Mit diesen Funktionen setzt man auf V:

$$\psi(z) := \sum_{\substack{i=1 \\ z \varepsilon \mathrm{Tr}\, h_i}}^{r} h_i(z)\varphi_i(z);$$

offenbar ist diese Funktion zweimal stetig differenzierbar auf V. Wegen

$$\frac{\partial\psi}{\partial\mu}(z^0) = \sum_{\substack{i=1 \\ z^0 \varepsilon \mathrm{Tr}\, h_i}}^{r} h_i(z^0)\,\frac{\partial\varphi_i}{\partial\mu}(z^0) > 0$$

(dabei bezeichne $\frac{\partial}{\partial\mu}$ die äußere Normalenableitung) für jeden

Randpunkt $z^0 \varepsilon \partial G$ gilt auf einer geeigneten Umgebung $W = W(\partial G) \subset\subset V$, daß dort grad $\psi(z) \neq 0$ stets gilt. Es bleibt der Nachweis von Eigenschaft 1) der Definition 2 b) für das Paar (W,ψ):

α) Für Punkte $z \varepsilon W-G$ gilt stets $\varphi_i(z) \geq 0$, falls der Punkt z in U_i liegt; Summation liefert: $\psi(z) \geq 0$.

β) Liegt der Punkt z dagegen in $G \cap W$, so gilt für die bei der Definition von ψ auftretenden Indizes i nach Definition der lokalen Randfunktion: $\varphi_i(z) < 0$. Wegen $\sum_{i=1}^{r} h_i(z) = 1$ gilt für einen dieser Indizes sogar $h_{i_0}(z) > 0$, sonst ja nach Konstruktion $h_i(z) \geq 0$. Erneute Summation liefert $\psi(z) < 0$.

q.e.d.

Man kann zeigen, daß für ein beschränktes Gebiet G, das in jedem Randpunkt eine lokale Randfunktion besitzt, die sogar dreimal stetig differenzierbar ist, folgende Funktion

$$\varphi(z) := \begin{cases} -\Delta_G(z), & z \varepsilon G \\ & \text{falls} \\ \operatorname{dist}(z,G), & z \notin G \end{cases}$$

nahe dem Rand ∂G eine globale Randfunktion von G liefert. Zum Nachweis benutze man den Satz über implizite Funktionen.

Im nächsten Abschnitt werden wir für Gebiete G mit lokalen Randfunktionen die Levi-Form dieser Funktionen auf den zugehörigen

Tangentialhyperebenen studieren. Wie sich die Levi-Formen zweier Randfunktionen von G in z^o zueinander verhalten, soll abschließend im folgenden Lemma erklärt werden.

Lemma 3:

Seien (U,φ) und (W,ψ) lokale Randfunktionen des Gebietes $G \subset \mathbb{C}^n$ im Punkte $z^o \in \partial G$. Dann gilt für Punkte $a \in \mathbb{C}^n$:

1) $\sum_{i=1}^{n} \frac{\partial\varphi}{\partial z_i}(z^o)a_i = 0 \iff \sum_{i=1}^{n} \frac{\partial\psi}{\partial z_i}(z^o)a_i = 0$;

2) $\operatorname{sign} L(\varphi)(z^o;a) = \operatorname{sign} L(\psi)(z^o;a)$, falls für a die Bedingung 1) gilt.

Beweis:

Nach Lemma 1 gilt auf einer Umgebung $V = V(z^o) \subset U \cap W$ mit einer positiven C^1-Funktion $h : V \longrightarrow \mathbb{R}_{>0}$ folgende Identität: $\psi \equiv h \cdot \varphi$. Eine triviale Rechnung liefert dann die Äquivalenz 1). Um 2) nachzuweisen, berechne man:

$$L(\psi)(z^o,a) = \sum_{i,j=1}^{n} \frac{\partial}{\partial z_i}\left(\frac{\partial h}{\partial \bar{z}_j}\cdot\varphi + h\cdot\frac{\partial\varphi}{\partial \bar{z}_j}\right)(z^o)a_i\bar{a}_j$$

$$\overset{(*)}{=} \sum_{i,j=1}^{n}\left(\frac{\partial h}{\partial \bar{z}_j}(z^o)\frac{\partial\varphi}{\partial z_i}(z^o)+\frac{\partial h}{\partial z_i}(z^o)\frac{\partial\varphi}{\partial \bar{z}_j}(z^o)+h(z^o)\frac{\partial^2\varphi}{\partial z_i\partial \bar{z}_j}(z^o)\right)a_i\bar{a}_j$$

$$= 2\,\mathrm{Re}\left(\overline{\sum_{j=1}^{n}\frac{\partial h}{\partial z_j}a_j}\cdot\sum_{i=1}^{n}\frac{\partial\varphi}{\partial z_i}a_i\right) + L(\varphi)(z^o,a)\cdot h(z^o)$$

$$= L(\varphi)(z^o,a)\cdot h(z^o).$$

Dabei ist der Übergang $(*)$ wie folgt zu begründen: das Produkt der stetigen Funktion $\frac{\partial h}{\partial \bar{z}_j}$ mit der stetig differenzierbaren Funktion φ mit $\varphi(z^0) = 0$ ist im Punkte z^0 differenzierbar, und es gilt: $\frac{\partial}{\partial z_i}\left(\frac{\partial h}{\partial \bar{z}_j}\cdot\varphi\right)(z^0) = \frac{\partial h}{\partial \bar{z}_j}(z^0)\,\frac{\partial\varphi}{\partial z_i}(z^0)$; dies rechnet man sehr einfach nach. Somit ist Lemma 3 vollständig bewiesen.

II 2.12: Levi-Pseudokonvexität

Es soll jetzt ein Begriff eingeführt werden, der an die Krümmung des Randes eines Gebietes gewisse Forderungen stellt. Im Fall n = 2 geht diese Bedingung auf E.E. Levi zurück; der allgemeine Fall stammt von Krzoska (Dissertation, Greifswald 1933).

Definition 1o:

Sei z^0 ein Randpunkt eines Gebietes G im $\mathbb{C}^n$.

1) G heißt "Levi-pseudokonvex in z^0", bzw. "streng-Levi-pseudokonvex in z^0", falls es eine lokale Randfunktion (U,φ) von G in z^0 gibt mit: $L(\varphi)(z^0,a) \geq 0$, bzw. $L(\varphi)(z^0,a) > 0$ für alle Punkte $a \in \mathbb{C}^n - \{0\}$ mit $\sum_{i=1}^{n} \frac{\partial\varphi}{\partial z_i}(z^0)\cdot a_i = 0$.

   Bemerkung: Man sagt abkürzend für obige Bedingung: die Levi-Form $L(\varphi)$ ist in z^0 "bedingt positiv semidefinit" bzw. "bedingt positiv definit".

2) G heißt "Levi-pseudokonvex", bzw. "streng-Levi-pseudokonvex", falls G beschränkt und in jedem Randpunkt Levi-pseudokonvex, bzw. streng-Levi-pseudokonvex ist.

Aus Lemma 3 folgt dann sofort:

Korollar:

Ist das Gebiet $G \subset \mathbb{C}^n$ in einem Randpunkt z^0 von G Levi-pseudokonvex, bzw. streng-Levi-pseudokonvex, so gilt für jede lokale Randfunktion (U,φ) von G in z^o, daß die Levi-Form $L(\varphi)$ von φ im Punkte z^o bedingt positiv semidefinit, bzw. bedingt positiv definit ist.

Als erstes soll der Zusammenhang zwischen den streng-Levi-pseudokonvexen Gebieten und solchen, die streng pseudokonvex sind, hergestellt werden. Es gilt:

Satz 2o:

Jedes streng-Levi-pseudokonvexe Gebiet G im $\mathbb{C}^n$ besitzt eine globale streng plurisubharmonische Randfunktion, d.h. es gibt eine globale Randfunktion (U,φ) von G mit einer streng plurisubharmonischen Funktion φ über U.

Als Korollar ergibt sich sofort:

Korollar 2o.1:

Jedes streng-Levi-pseudokonvexe Gebiet ist streng pseudokonvex.

Beweis von Satz 2o:

Nach den Lemmata 2 und 3 findet man eine globale Randfunktion (V,ψ) von G, wobei die Levi-Form $L(\psi)$ der Funktion ψ in jedem Randpunkt von G bedingt positiv definit ist. Man definiert dann für jedes positive reelle A folgende C^2-Funktion über V: $\varphi_A(z) := \psi(z)e^{A\psi(z)}$. Das Ziel ist, eine geeignete reelle Zahl A zu finden, für die die Funktion φ_A dann nahe dem Rand ∂G streng plurisubharmonisch ist.

Man berechnet leicht:

a) $\operatorname{grad} \varphi|_{\partial G} \equiv \operatorname{grad} \psi|_{\partial G}$,

b) $L(\varphi)(z,a) = L(\psi)(z,a) + 2A\left|\sum_{\nu=1}^{n} \frac{\partial\psi}{\partial z_\nu}(z)a_\nu\right|^2$ für $z \in \partial G$ und $a \in \mathbb{C}^n$.

Man betrachtet dann folgende stetige Funktionen auf dem Kompaktum $X := \partial G \times \partial U(0,1)$ $[U(0,1)$ ist dabei die Einheitskugel im $\mathbb{C}^n]$: $X \ni (z,a) \xrightarrow{f} L(\psi)(z,a)$ und $X \ni (z,a) \xrightarrow{g} \left|\sum_{\nu=1}^{n} \frac{\partial\psi}{\partial z_\nu}(z)a_\nu\right|^2$. Welche Informationen liegen nun über diese Funktionen vor? Es gilt: 1) $g \geq 0$ und 2) $f(z,a) > 0$ für alle Punkte $(z,a) \in X$ mit $g(z,a) = 0$. Bezeichnet N das Nullstellengebilde von g in X - N ist kompakt -, so gilt auf einer offenen Umgebung O von N wegen 2) immer noch $f > 0$. Da die Menge $X - O$ kompakt ist, gilt auf $X - O$ mit einer geeigneten positiven Zahl ε: $g|_{X-O} \geq \varepsilon > 0$. Mit einer negativen Zahl $M \leq \inf_X f$ wähle man die Zahl $A_0 := \frac{1-M}{2\varepsilon}$; dann gilt für die Levi-Form der Funktion $\varphi := \varphi_{A_0}$ auf X: $L(\varphi)(z,a) = f(z,a) + 2A_0 g(z,a) > 0$. Mit einem Stetigkeitsagrument findet man dann eine Umgebung $U = U(\partial G) \subset V$ von ∂G, auf der folgendes gilt: $(\operatorname{grad}\varphi)(z) \neq 0$ und $L(\varphi)$ ist positiv definit. Also ist (U,φ) die gesuchte streng plurisubharmonische globale Randfunktion von G.

q.e.d.

Dem Beweis entnimmt man sofort einen Beweis folgenden Zusatzes.

<u>Korollar 2o.1:</u>

Ist das Gebiet G im $\mathbb{C}^n$ in dem Randpunkt $z^0 \in \partial G$ streng-Levi-pseudokonvex, so besitzt G in z^0 eine streng plurisubharmonische Randfunktion.

Es soll jetzt gezeigt werden, daß der oben eingeführte Begriff der Levi-Pseudokonvexität, der nur Forderungen an den Rand des betrachteten Gebietes stellt, äquivalent zu dem globalen Begriff der Pseudokonvexität ist. Es gilt:

Satz 21:

Sei G ein beschränktes Gebiet im $\mathbb{C}^n$, das in jedem Randpunkt eine lokale Randfunktion besitzt; dann gilt:
G ist Levi-pseudokonvex $\Longleftrightarrow$ G ist pseudokonvex.

Beweis:

"$\Longleftarrow$" Sei z^0 ein Randpunkt von G, und sei (U,φ) eine lokale Randfunktion von G in z^0. Unter der Annahme, daß die Levi-Form $L(\varphi)$ in z^0 nicht bedingt positiv semidefinit ist, findet man einen Einheitsvektor a mit den Eigenschaften:

$$\sum_{\nu=1}^{n} \frac{\partial\varphi}{\partial z_\nu}(z^0)a_\nu = 0 \text{ und } L(\varphi)(z^0,a) < 0.$$

Wegen $(\operatorname{grad}\varphi)(z^0) \neq 0$ gibt es einen Punkt $b \in \mathbb{C}^n$, so daß folgende Identität erfüllt ist:

$$2\sum_{\nu=1}^{n} b_\nu \frac{\partial\varphi}{\partial z_\nu}(z^0) = -\sum_{i,j=1}^{n} \frac{\partial^2\varphi}{\partial z_i \partial z_j}(z^0)a_i a_j. \qquad (*)$$

Ist $V = V(0) \subset \mathbb{C}^1$ eine so kleine Kreisscheibe um 0, daß die Punkte $z^0 + \lambda a + \lambda^2 b$ für alle $\lambda \in \overline{V}$ in U liegen, so setze man über $\overline{V}$: $\tilde{\varphi}(\lambda) := \varphi(z^0 + \lambda a + \lambda^2 b)$. Die Taylorentwicklung dieser C^2-Funktion $\tilde{\varphi}: V \longrightarrow \mathbb{R}$ liefert in komplexer Schreibweise:

$$\tilde{\varphi}(\lambda) = \tilde{\varphi}(0) + 2\mathrm{Re}\left(\frac{\partial\tilde{\varphi}}{\partial\lambda}(0) \cdot \lambda\right) + \mathrm{Re}\left(\frac{\partial^2\tilde{\varphi}}{\partial\lambda^2}(0) \cdot \lambda^2\right)$$

$$+ \frac{\partial^2\tilde{\varphi}}{\partial\lambda\partial\bar{\lambda}}(0)\ \lambda\bar{\lambda} + |\lambda|^2\ \varepsilon(\lambda);$$

dabei bezeichne ε eine reelle Funktion auf $\overline{V}$ mit $\lim\limits_{\lambda\to 0} \varepsilon(\lambda) = 0$.

Rechnet man nun die einzelnen Ableitungen aus und benutzt man (*), so erhält man auf $\overline{V}$:

$$\tilde{\varphi}(\lambda) = |\lambda|^2\ [L(\varphi)(z^0,a) + \varepsilon(\lambda)].$$

Also gilt auf einer hinreichend kleinen Kreisscheibe $U(0,\varepsilon) \subset\subset V$:

$$\tilde{\varphi}(\lambda) < 0, \text{ falls nur } \lambda \neq 0$$

vorausgesetzt ist. Da aber die Funktion φ den Teil von U beschrieb, der zu G gehört, gilt für die durch folgende Abbildung:

$$\overline{U}(0,\varepsilon) \ni \lambda \xrightarrow{\gamma} z^0 + \lambda a + \lambda^2 b$$

definierte analytische Scheibe S:

$$z^0 \in S,\ S - \{z^0\} \subset G \text{ und } z^0 \in \partial G.$$

Um einen Widerspruch zur vorausgesetzten Pseudokonvexität, d.h. zum schwachen Kontinuitätsprinzip, zu erhalten, verschiebe man die gefundene Scheibe S auf geeignete Weise ins Innere von G. Genau geht man wie folgt vor:

Aus Stetigkeitsgründen gibt es eine Umgebung $U_1 = U_1(z^o) \subset U$ von z^o, so daß auf U_1 gilt:

$$\operatorname{Re}\left(\sum_{\nu=1}^{n} \frac{\partial\varphi}{\partial z_\nu}(z)\, \frac{\partial\varphi}{\partial \bar z_\nu}(z^o)\right) > \frac{1}{2}|(\operatorname{grad}\varphi)(z^o)|^2 =: \varkappa > 0.$$

O.B.d.A. sei obiges ε bereits so klein gewählt, daß die Scheibe S in U_1 liegt. Für hinreichend kleine Parameter $t \in [0,t_o)$ liegen dann ebenfalls die analytischen Scheiben S_t, die durch die Abbildungen $\gamma_t := \gamma - t\left(\frac{\partial}{\partial \bar z_1}(z^o),\ldots,\frac{\partial}{\partial \bar z_n}(z^o)\right)$ über $\overline{U}(0,\varepsilon)$ gegeben sind in U_1, und es gilt: $\bigcup_{0\le t<t_o} \partial S_t \subset\subset G$. Mit der Taylorentwicklung von φ um $\gamma(\lambda)$ - $|\lambda| \le \varepsilon$ - folgt:

$$\varphi(\gamma_t(\lambda)) = \varphi(\gamma(\lambda)) - 2t\operatorname{Re}\sum_{\nu=1}^{n}\frac{\partial\varphi}{\partial z_\nu}(\gamma(\lambda))\frac{\partial\varphi}{\partial \bar z_\nu}(z^o) + \alpha(t)t^2$$

mit einer auf $[0,t_o)$ geeignet beschränkten Funktion α, $\alpha \le C \in \mathbb{R}_{>0}$. Also gilt:

$$\varphi(\gamma_t(\lambda)) \le t\left(-2\operatorname{Re}\left(\sum_{\nu=1}^{n}\frac{\partial\varphi}{\partial z_\nu}(\gamma(\lambda))\frac{\partial\varphi}{\partial \bar z_\nu}(z^o)\right) + Ct\right)$$

$$\le (-\varkappa + Ct)t < 0,$$

falls $\lambda \in \overline{U}(0,\varepsilon)$ und $0 < t \le t_1$ mit einer geeigneten Zahl $t_1 \le t_o$; d.h. aber, die Scheiben S_t liegen sogar im Gebiet G für $0 < t \le t_1$. Wegen $\gamma_t(0) \xrightarrow[t\to 0]{} z^o$ und $\bigcup_{0<t<t_1} \partial S_t \subset\subset G$ folgt sofort, daß für das Gebiet G das schwache Kontinuitätsprinzip verletzt ist. Also ist obige Annahme zum Widerspruch geführt, was zu zeigen war, und damit ist G Levi-pseudokonvex.

Bevor die Rückrichtung bewiesen wird, sei noch bemerkt, daß es sehr wohl pseudokonvexe Gebiete gibt - man nehme als Beispiel das Reinhardtsche Dreieck -, die eine punktierte analytische Scheibe enthalten. Die Argumentation des Beweises benutzte also wesentlich gewisse Glattheitseigenschaften des Randes des betrachteten Gebietes.

Nun zum Beweis der anderen Richtung:

"$\Longrightarrow$" Es soll gezeigt werden, daß das Gebiet G lokal pseudokonvex ist; daraus folgt ja nach Satz 17 die Pseudokonvexität von G.

Sei also ein beliebiger Randpunkt z^o von G gegeben. Nach Voraussetzung gibt es eine lokale Randfunktion (V,φ) von G in z^o, so daß die Levi-Form $L(\varphi)$ in jedem Punkt von $\partial G \cap V$ bedingt positiv semidefinit ist. Da $(\operatorname{grad}\varphi)(z^o) \neq 0$ gilt - man nehme ohne Einschränkung an: $\frac{\partial}{\partial x_1}(z^o) \neq 0$ -, findet man mit dem Satz über implizite Funktionen eine Produktumgebung $U := U_1 \times \widetilde{U} \subset\subset V$ von z^o mit $U_1 = U_1(x_1^o)$ und $\widetilde{U} = \widetilde{U}(\widetilde{z}^o)$ $(z^o = (x_1^o,\widetilde{z}^o))$ und eine C^2-Funktion $f : \widetilde{U} \longrightarrow U_1$, so daß folgendes gilt:

$$U \cap \partial G = \{z \in U : x_1 = f(\widetilde{z}) \text{ und } \widetilde{z} \in \widetilde{U}\}.$$

Ohne Einschränkung kann U schon als so klein angenommen werden, daß für eine geeignete Zahl $l_o \in \{0,1\}$ gilt:

$$G \cap U = \{z \in U : (-1)^{l_o}(x_1 - f(\widetilde{z})) < 0\}.$$

Also hat man mit $\widetilde{\psi}(z) := (-1)^{l_0}(x_1 - f(\widetilde{z}))$ eine lokale Randfunktion $(U,\widetilde{\psi})$ von G in z^o erhalten, für die sogar gilt, daß die Levi-Form $L(\widetilde{\psi})$ von $\widetilde{\psi}$ auf ganz U bedingt positiv semidefinit ist.

Man wähle nun eine etwas kleinere Produktumgebung $U' = U_1' \times \widetilde{U}'$ von z^o mit $U' \subset\subset U$. Mit Hilfe des Mittelwertsatzes findet man dann eine positive Konstante C, so daß für alle Punkte $z \in U'$ und alle Einheitsvektoren $a, a' \in \mathbb{C}^n$ gilt:

$$|L(\widetilde{\psi})(z,a) - L(\widetilde{\psi})(z,a')| \leq C|a - a'|.$$

Betrachtet man für das Folgende die lokale Randfunktion (U,ψ) mit $\psi := \frac{1}{4 \cdot C} \cdot \widetilde{\psi}$, so gilt: die Levi-Form von ψ ist auf U bedingt positiv semidefinit und sie genügt folgender Lipschitzabschätzung:

$$|L(\psi)(z,a) - L(\psi)(z,a')| \leq \frac{1}{4}|a - a'|$$
$$(z \in U' \text{ und } |a| = |a'| = 1).$$

Man setze noch voraus, daß die Umgebung U' von z^o bereits so klein gewählt ist, daß über U' mit einer geeigneten positiven Zahl α folgendes gilt:

$$|(\text{grad } \psi)(z)| \geq \alpha > \frac{\alpha}{2} > |(\text{grad } \gamma)(z)|$$

mit der Funktion $\gamma(z) := |z - z^o|^2$ über dem $\mathbb{C}^n$. Auf U betrachte man nun für $0 < \varepsilon < \frac{1}{2}$ folgende Funktion:

$$\psi_\varepsilon : U \longrightarrow \mathbb{R} \text{ mit } \psi_\varepsilon(z) := \psi(z) + \varepsilon\gamma(z),$$

deren Levi-Form sich wie folgt berechnet:

$$L(\psi_\varepsilon)(z,a) = L(\psi)(z,a) + \varepsilon|a|^2.$$

Also folgt für Punkte $z' \in U'$ und $a', a \in \mathbb{C}^n$ mit $|a| = |a'| = 1$:

$$|L(\psi_\varepsilon)(z,a) - L(\psi_\varepsilon)(z,a')| < \frac{1}{4}\,|a - a'|.$$

Gäbe es nun für einen Punkt $z \in U'$ und einen Einheitsvektor $a \in \mathbb{C}^n$ mit:

$$\sum_{\nu=1}^{n} \frac{\partial\psi_\varepsilon}{\partial z_\nu}(z)a_\nu = 0 \qquad (*)$$

stets einen anderen Einheitsvektor $a' \in \mathbb{C}^n$ mit:

$$\sum_{\nu=1}^{n} \frac{\partial\psi}{\partial z_\nu}(z)a'_\nu = 0$$

und $|a - a'| \leq 2\varepsilon$, so liefert folgende Rechnung

$$\begin{aligned} L(\psi_\varepsilon)(z,a) &\geq L(\psi_\varepsilon)(z,a') - \frac{1}{4}\,|a - a'| \\ &\geq L(\psi)(z,a') + \frac{\varepsilon}{2} > 0, \end{aligned}$$

daß die Levi-Form der Funktion ψ_ε auf U' bedingt positiv definit ist.

Nachweis von (*): Sei $z \in U'$ und a ein Einheitsvektor im $\mathbb{C}^n$ mit

$$\sum_{\nu=1}^{n} a_\nu \frac{\partial \psi_\varepsilon}{\partial z_\nu}(z) = 0.$$

Dann folgt:

$$0 = \sum_{\nu=1}^{n} \frac{\partial \psi_\varepsilon}{\partial z_\nu}(z) a_\nu = \sum_{\nu=1}^{n} \left(\frac{\partial \psi}{\partial z_\nu}(z) + \varepsilon \frac{\partial \gamma}{\partial z_\nu}(z)\right) \cdot a_\nu$$

$$= \sum_{\nu=1}^{n} \frac{\partial \psi}{\partial z_\nu}(z) \cdot [a_\nu + \varepsilon [\sum_{\nu=1}^{n} a_\nu \frac{\partial \gamma}{\partial z_\nu}(z)] \cdot \frac{\partial \psi}{\partial \overline{z}_\nu} \cdot \left(\sum_{\lambda=1}^{n} |\frac{\partial \psi}{\partial z_\lambda}(z)|^2\right)^{-1}]$$

Für den Punkt, dessen Koordinaten in der Klammer stehen, schreibe man $\tilde{a}'$. Eine leichte Rechnung liefert dann:

$$|\tilde{a}' - a| \leq \varepsilon |(\mathrm{grad}\ \psi)(z)|^{-1} \cdot |(\mathrm{grad}\ \gamma)(z)| \leq \varepsilon \cdot \frac{1}{\alpha} \cdot \frac{\alpha}{2} = \frac{\varepsilon}{2}.$$

Setzt man $a' := \frac{\tilde{a}'}{|\tilde{a}'|}$, so gilt neben $\sum_{\nu=1}^{n} a_\nu \frac{\partial \psi}{\partial z_\nu}(z) = 0$ auch folgende Abschätzung:

$$|a' - a| \leq \frac{1}{|\tilde{a}'|} (|\tilde{a}' - a| + |a|\ |1 - |\tilde{a}'||)$$
$$\leq 2(\frac{\varepsilon}{2} + \frac{\varepsilon}{2}) = 2\varepsilon.$$

Damit ist jetzt vollständig bewiesen, daß die Levi-Form $L(\psi_\varepsilon)$ jeder Funktion ψ_ε auf U' bedingt positiv definit ist.

Mit einer geeigneten Umgebung $U'' = U_1'' \times \tilde{U}'' \subset\subset U'$ von z^0 findet man für jedes $\varepsilon \in (0, \frac{1}{2})$ wie im Beweis zu Satz 2o positive Zahlen A_ε und offene Umgebungen O_ε von $\overline{U''} \cap \{z \in \overline{U''} : \psi_\varepsilon(z) = 0\}$, so daß die Funktionen $\chi_\varepsilon := \psi_\varepsilon e^{A_\varepsilon \cdot \psi_\varepsilon}$, die auf U' definiert seien, auf O_ε streng plurisubharmonisch sind. Mit positivem r und $U(z^o,r) \subset\subset U''$ gilt: $G_\varepsilon := U(z^o,r) \cap \{z \in U'' : \psi_\varepsilon(z) < 0\} = U(z^o,r) \cap \{z \in U'' : \chi_\varepsilon(z) < 0\}$. Da die G_ε beschreibende Funktion $\max(|z - z^o|^2 - r^2, \chi_\varepsilon(z))$ nahe dem Rand von G_ε plurisubharmonisch ist, gilt, daß jede Zusammenhangskomponente von G_ε pseudokonvex ist. Nun läßt sich aber jede Zusammenhangskomponente G' von $U(z^o,r) \cap G$ als Vereinigung einer aufsteigenden Folge von geeigneten Zusammenhangskomponenten von $G_{1/\nu}$ darstellen, was zur Folge hat, daß G' pseudokonvex ist.

Es ist also zu dem Randpunkt z^o eine Kugelumgebung $U(z^o,r)$ gefunden mit nur pseudokonvexen Zusammenhangskomponenten von $U(z^o,r) \cap G$; d.h. aber: G ist lokal pseudokonvex, womit auch die 2. Richtung von Satz 21 vollständig bewiesen ist.

II 2.13 Lokale Holomorphiegebiete

Der Begriff der Pseudokonvexität wurde eingeführt, um ein notwendiges geometrisches Kriterium für Holomorphiegebiete zu besitzen. Die Frage, ob jedes pseudokonvexe Gebiet auch Holomorphiegebiet ist, ist ein sehr schwieriges Problem der komplexen Analysis. In diesem Abschnitt werden wir als Teilergebnis sehen, daß streng-Levi-pseudokonvexe Gebiete lokal so aussehen wie Holomorphiegebiete.

Man definiert:

Definition 1o:

Sei $G \subset \mathbb{C}^n$ ein Gebiet mit dem Randpunkt z^0.

1) G heißt "Cartan-pseudokonvex in z^0" (≡: "lokales Holomorphiegebiet in z^0"), falls für eine geeignete Kugel $U = U(z^0)$ um z^0 jede Zusammenhangskomponente des Schnittbereiches $G \cap U$ ein Holomorphiegebiet ist.

2) G heißt "Cartan-pseudokonvex" (≡: "lokales Holomorphiegebiet"), falls G in jedem seiner Randpunkte Cartan-pseudokonvex ist.

Man beweist mit dieser Definition folgenden Satz:

Satz 22:

Ein Gebiet $G \subset \mathbb{C}^n$, das in dem Randpunkt $z^0 \in \partial G$ streng-Levi-pseudokonvex ist, ist in z^0 Cartan-pseudokonvex.

Beweis:

Nach dem Zusatz zu Satz 2o findet man eine streng plurisubharmonische lokale Randfunktion (U,φ) von G in z^0. Ist die Kugel $U(z^0,r)$ relativ kompakt in U gelegen, so betrachte man für die positive Zahl $\rho_0 = \frac{r}{4}$ die Punkte von $\partial G \cap U(z^0,\rho_0)$. Für solch einen Randpunkt z' erhält man mit Hilfe der Taylorformel auf $U(z',2\rho_0)$:

$$\varphi(z) = 2\mathrm{Re} \sum_{\nu=1}^{n} \frac{\partial\varphi}{\partial z_\nu}(z')(z_\nu - z'_\nu) + \mathrm{Re} \sum_{i,j=1}^{n} \frac{\partial^2\varphi}{\partial z_i \partial z_j}(z')(z_i - z'_i)(z_j - z'_j)$$

$$+ L(\varphi)(z', z - z') + \varepsilon(|z - z'|)|z - z'|^2;$$

dabei ist ε eine reelle Funktion über $[0,\infty]$ mit $\varepsilon(0) = 0$ und $\lim_{t\to 0} \varepsilon(t) =$

Ordnet man dann jedem Randpunkt $z' \in \partial G \cap U(z^0, \rho_0)$ folgendes Polynom zu:

$$P_{z'}(z) := 2 \sum_{\nu=1}^{n} \frac{\partial \varphi}{\partial z_\nu}(z')(z_\nu - z'_\nu) + \sum_{i,j=1}^{n} \frac{\partial^2 \varphi}{\partial z_i \partial z_j}(z')(z_i - z'_i)(z_j - z'_j),$$

so gilt:

1) $P_{z'}(z') = 0$

2) $\varphi(z) = L(\varphi)(z', z - z') + \varepsilon(|z - z'|)|z - z'|^2$
$\geq (c + \varepsilon(|z - z'|))|z - z'|^2$
$\geq \frac{c}{2} |z - z'|^2$

für alle Nullstellen z des Polynoms $P_{z'}$ mit: $0 < |z - z'| \leq 2\rho$; dabei bezeichne ρ eine geeignete positive Zahl kleiner ρ_0 und c die positive Konstante, so daß für die Levi-Form $L(\varphi)$ über $U(z^0, r)$ gilt:

$$|L(\varphi)(z, a)| \geq c \cdot |a|^2.$$

Mit dieser Zahl ρ sieht man also, daß folgende Gleichheit gilt:

$$\{z \in U(z^0, \rho) : P_{z'}(z) = 0\} \cap \overline{G} = \{z'\}$$

für alle Randpunkte $z' \in \partial G \cap U(z^0, \rho)$. Damit findet man sofort zu jedem Randpunkt z' von $\partial(G \cap U(z^0, \rho))$ eine auf $G \cap U(z^0, \rho)$ holomorphe Funktion $f_{z'} : G \cap U(z^0, \rho) \longrightarrow \mathbb{C}$ mit $\lim_{z \to z'} |f_{z'}(z)| = \infty$; d.h. aber, daß G in z^0 lokales Holomorphiegebiet ist.

q.e.d.

Bemerkung: Es gibt ein Gebiet G im $\mathbb{C}^n$, das zwar Levi-pseudokonvex ist, aber folgende Eigenschaft besitzt:
man findet einen Randpunkt z^0 von G so daß jede auf einer Umgebung $U = U(z^0)$ von z^0 definierte holomorphe Funktion, die in z^0 verschwindet, bereits in jeder Umgebung $V = V(z^0) \subset U$ Nullstellen in $V \cap G$ und in $V \cap (\mathbb{C}^n - G)$ besitzt. Dieses Beispiel wurde von Kohn und Nirenberg gefunden. Damit sieht man, daß die Existenz solcher im obigen Beweis konstruierten lokalen "Stützfunktionen" im allgemeinen Fall nicht gewährleistet ist.

§ 3 Beispiele

II 3.1: Holomorphiegebiete:

Aus Satz 4 folgt, daß jedes Holomorphiegebiet ein pseudokonvexes Gebiet ist; somit ist jedes Beispiel von I § 3 auch ein Beispiel für ein pseudokonvexes Gebiet.

II 3.2: Spezielle Hartogs'sche Gebiete

Wir betrachten hier spezielle Gebiete im $\mathbb{C}^n$, die unter Drehungen der ersten Koordinate invariant bleiben. Wir definieren:

Definition 1:

a) Unter einem "speziellen Hartogsgebiet H(B;r,R)" mit dem Gebiet $B \subset \mathbb{C}^{n-1}$ ($n \geq 2$), der nach oben halbstetigen Funktion $r : B \longrightarrow \mathbb{R}_{-\infty}$ und der nach unten halbstetigen (*) Funktion $R : B \longrightarrow \mathbb{R}_{>0}$, für die stets $r < R$ auf B gilt, versteht man folgende Menge im $\mathbb{C}^n$

$$H(B;r,R) := \{z = (z_1,\tilde{z}) \in \mathbb{C}^n : \tilde{z} \in B \text{ und } r(\tilde{z}) < |z_1| < R(\tilde{z})\}.$$

b) Unter einem "vollkommenen speziellen Hartogsgebiet H(B;R)" mit dem Gebiet $B \subset \mathbb{C}^{n-1}$ ($n \geq 2$) und der nach unten halbstetigen (*) Funktion $R : B \longrightarrow \mathbb{R}_{>0}$ versteht man ein spezielles Hartogsgebiet H(B;r,R) mit der Funktion $r \equiv -1$ auf B.

(*) d.h. $-R : B \longrightarrow \mathbb{R}_{<0}$ ist halbstetig nach oben.

Man bemerkt sehr leicht, daß die in Definition 1 betrachteten Punktmengen wirklich Gebiete im üblichen Sinne sind.

Es gilt dann folgende Charakterisierung der pseudokonvexen vollkommenen speziellen Hartogsgebiete.

Satz 1:

Für ein vollkommenes spezielles Hartogsgebiet $H(B;R)$ sind folgende Aussagen äquivalent:

a) $H(B;R)$ ist pseudokonvex;

b) B ist pseudokonvex, und die Funktion $-\log R : B \longrightarrow \mathbb{R}_{-\infty}$ ist plurisubharmonisch.

Beweis: Sei $G := H(B;R)$.

a) $\Longrightarrow$ b):

Da G pseudokonvex ist, gilt mit Satz 9: $-\log \Delta_G^i : G \longrightarrow \mathbb{R}_{-\infty}$ $(1 \leq i \leq n)$ sind auf G plurisubharmonische Funktionen. Wegen $\Delta_G^1(0,\tilde{z}) = R(\tilde{z})$ auf B folgt, daß $-\log R : B \longrightarrow \mathbb{R}_{-\infty}$ plurisubharmonisch ist. Mit Satz 14 und $\Delta_G^i(0,\tilde{z}) = \Delta_B^{i-1}(\tilde{z})$ für $2 \leq i \leq n$ und $\tilde{z} \in B$ erhält man die Pseudokonvexität des Gebietes B.

b) $\Longrightarrow$ a):

Man betrachte auf dem pseudokonvexen Gebiet $\mathbb{C}^1 \times B$ folgende plurisubharmonische Funktion $V : \mathbb{C}^1 \times B \longrightarrow \mathbb{R}_{-\infty}$:

$$V(z) = V(z_1,\tilde{z}) := \log|z_1| - \log R(\tilde{z}) \text{ mit } \log 0 := -\infty.$$

Satz 15 liefert dann sofort die Behauptung.

q.e.d.

Für den allgemeinen Fall gilt der folgende Satz:

Satz 2:

Sei $H(B;r,R)$ ein spezielles Hartogsgebiet mit dem pseudokonvexen Gebiet B im $\mathbb{C}^{n-1}$ und $r \geq 0$. Dann gilt: $H(B;r,R)$ ist genau dann pseudokonvex, wenn die Funktionen $-\log R : B \longrightarrow \mathbb{R}_{-\infty}$ und $\log r : B \longrightarrow \mathbb{R}_{-\infty}$ plurisubharmonisch sind.

Beweis:

a) Sei vorausgesetzt, daß $\log r$ und $-\log R$ auf B plurisubharmonisch sind. Dann folgt mit Satz 15 und der Darstellung

$$H(B;r,R) = \{z = (z_1,\tilde{z}) \in [\mathbb{C}^1 - \{0\}] \times B : \max[\log \frac{1}{|z_1|} + \log r(\tilde{z}), \log |z_1| - \log R(\tilde{z})] < 0\}$$

die Pseudokonvexität des Hartogsgebietes $H(B;r,R)$.

b) Man setze jetzt voraus, daß $H(B;r,R)$ pseudokonvex ist. Wir wollen zuerst zeigen, daß dann $-\log R$ eine plurisubharmonische Funktion ist. Offenbar genügt es, diese Eigenschaft nur lokal nachzuweisen. Sei also ein Punkt $\tilde{z}^0 \in B$ gegeben. Wegen der Halbstetigkeit der Berandungsfunktionen r und R findet man eine Kugel $U(\tilde{z}^0) \subset B$ und reelle Zahlen α_i $(1 \leq i \leq 3)$, so daß auf $U(\tilde{z}^0)$ gilt:

$$r(\tilde{z}) < \alpha_1 < \alpha_2 < \alpha_3 < R(\tilde{z}).$$

Da folgendes Gebiet $G := \{z \in \mathbb{C}^n : \tilde{z} \in U(\tilde{z}^0) \text{ und } |z_1| < \alpha_2\}$

als konvexes Gebiet pseudokonvex ist, und da das spezielle Hartogsgebiet $H(U(\tilde{z}^0);r,R)$ als Durchschnitt von $H(B;r,R)$ und dem konvexen, also pseudokonvexen, Gebiet $\mathbb{C}^1 \times U(\tilde{z}^0)$ wieder pseudokonvex ist, folgt sofort mit Satz 18 - $G \cap H(U(\tilde{z}^0);r,R) \neq \emptyset$ und $G \neg H(U(\tilde{z}^0);r,R) = \emptyset$ - daß das Vereinigungsgebiet

$$G \cup H(U(\tilde{z}^0);r,R) = H(U(\tilde{z}^0);R)$$

pseudokonvex ist. Satz 1 liefert somit: $-\log R$ ist über $U(\tilde{z}^0)$ plurisubharmonisch, womit die Behauptung: $-\log R : B \longrightarrow \mathbb{R}_{-\infty}$ ist plurisubharmonisch, bewiesen ist. Um die Plurisubharmonizität der Funktion $\log r : B \longrightarrow \mathbb{R}_{-\infty}$ zu zeigen, benutze man folgende biholomorphe Abbildung:

$$\phi : H(B;r,R) \longrightarrow H(B;\tfrac{1}{R},\tfrac{1}{r})$$
$$(z_1,\tilde{z}) \longrightarrow (\tfrac{1}{z_1},\tilde{z})$$

Da $H(B;\frac{1}{R},\frac{1}{r})$ als biholomorphes Bild eines pseudokonvexen Gebietes pseudokonvex ist, folgt mit dem oben Gezeigten: die Funktion $-\log \frac{1}{r} = \log r$ ist plurisubharmonisch.

II 3.3: Spezielle Halbtubengebiete

Während in II 3.2 Gebiete betrachtet wurden, die invariant unter Drehungen der $z_1 = x_1 + y_1$-Ebene sind, sollen jetzt Gebiete untersucht werden, die unter reellen Verschiebungen in y_1-Richtung erhalten bleiben.

Definition 2:

Unter einem "speziellen Halbtubengebiet HT(B;r,R)" mit dem Gebiet $B \subset \mathbb{C}^{n-1}$ ($n \geq 2$), der nach oben halbstetigen Funktion $r : B \longrightarrow \mathbb{R}_{-\infty}$ und der nach unten halbstetigen Funktion $R : B \longrightarrow \mathbb{R}_{+\infty}$, für die stets $R > r$ gilt, versteht man folgende Punktmenge

$$HT(B;r,R) = \{z = (x_1+iy_1,\tilde{z}) \varepsilon \mathbb{C}^n : \tilde{z} \varepsilon B \text{ und } r(\tilde{z}) < x_1 < R(\tilde{z})\}.$$

Bemerkung: Wie in II 3.2 sind diese speziellen Halbtubengebiete wieder Gebiete im $\mathbb{C}^n$.

Es gilt dann der folgende Satz, den der Leser analog zum Beweis von Satz 2 als Übungsaufgabe beweisen möge.

Satz 3:

Jedes spezielle Halbtubengebiet HT(B;r,R), für das gilt:

a) B ist pseudokonvex und

b) die Funktionen $r : B \longrightarrow \mathbb{R}_{-\infty}$, $-R : B \longrightarrow \mathbb{R}_{-\infty}$ sind plurisubharmonisch,

ist ein pseudokonvexes Gebiet.

Beweis:

Übungsaufgabe.

II 3.4: Tubengebiete

Als Teilklasse der speziellen Halbtubengebiete definiert man:

Definition 3:

Ein "Tubengebiet T_B" mit dem Gebiet $B \subset \mathbb{R}^n$ als Basis ist folgendes Gebiet: $T_B = \{z = x + iy \; \varepsilon \; \mathbb{C}^n : x \; \varepsilon \; B\}$.

Es gilt der folgende Satz:

Satz 4:

Für ein Tubengebiet T_B gilt:

T_B ist pseudokonvex genau dann, wenn B konvex ist.

Beweis:

Wir betrachten nur den nicht-trivialen Teil der Behauptung:

T_B pseudokonvex $\Longrightarrow$ B konvex.

Sei also T_B pseudokonvex. Wegen $\Delta_{T_B}(z) = \Delta_B(x)$ für Punkte $z = x + iy \in T_B$ folgt für jede Strecke $\overline{x^0 x^1} \subset B$:

$$(*) \qquad \Delta_B(x^0+t(x^1-x^0)) \geq \min(\Delta_B(x^0),\Delta_B(x^1)) \text{ für } 0 \leq t \leq 1$$

Denn sonst gäbe es einen Parameter $t_0 \in (0,1)$ mit:

α) $\Delta_B(x^0+t_0(x^1-x^0)) \leq \Delta_B(x^0+t(x^1-x^0))$ für $0 \leq t \leq 1$,

β) $\Delta_B(x^0+t_0(x^1-x^0)) < \min(\Delta_B(x^0),\Delta_B(x^1))$.

Also gelten für die auf dem Streifen $S = \{\lambda \in \mathbb{C} \; 0 < \mathrm{Re}\lambda < 1\}$ subharmonische Funktion $\varphi: S \longrightarrow \mathbb{R}_{-\infty}$, definiert durch: $\varphi(\lambda) := -\log \Delta_{T_B}(x^0 + \lambda(x^1 - x^0))$, folgende Eigenschaften:

$$\varphi(\lambda) = \varphi(\mathrm{Re}\ \lambda) \text{ und } \varphi(\lambda) \leq \varphi(t_0),$$

woraus nach dem Maximumprinzip für subharmonische Funktionen folgt:

$$\Delta_B(x^0 + t(x^1 - x^0)) \equiv \text{constant auf } [0,1];$$

dies ist der gesuchte Widerspruch.

Wir haben noch zu zeigen, daß (*) bereits die Konvexität von B nach sich zieht. Seien Punkte x^0, x^1 aus B gegeben. Da B zusammenhängend ist, gibt es einen Weg $\gamma : I \longrightarrow B$, der x^0 mit x^1 verbindet. Setze $S(t) := \overline{x^0,\gamma(t)}$ und betrachte $M := \{t \in I : S(t) \subset B\}$. Man sieht sofort, daß M eine nichtleere offene Teilmenge von I ist; wegen (*) gilt auch, daß M abgeschlossen ist. Also gilt wegen I = M: $S(1) = \overline{x^0 x^1} \subset B$; B ist also konvex.

II 3.5: Verallgemeinerte Tubengebiete

Satz 5:

Sei $G = A + iB$ ein Gebiet im $\mathbb{C}^n = \mathbb{R}^n + i\mathbb{R}^n$. Dann gilt:
G ist pseudokonvex $\Longleftrightarrow$ A und B sind konvex.

Beweis:

Wir beschränken uns auf die nicht-triviale Richtung "$\Longrightarrow$", deren Beweis sich in mehrere Schritte gliedert.

1) Ist ein Gebiet $A + i\{y \in \mathbb{R}^n : a_j < y_j < b_j \text{ mit } 1 \leq j \leq n\}$ nicht pseudokonvex, so auch nicht das folgende Gebiet $G_1 := A + i\{y \in \mathbb{R}^n : a_j < y_j < d_j\}$ mit Zahlen $\frac{a_j+b_j}{2} < d_j \leq b_j$.

Denn:

Unter Annahme des Gegenteils folgt, da Pseudokonvexität bei biholomorphen Abbildungen erhalten bleibt:

$G_2 := A + i\{y \in \mathbb{R}^n : a_j + b_j - d_j < y_j < b_j$ für $1 \leq j \leq n\}$

ist pseudokonvex. Da aber gilt: $G_1 \cap G_2 \neq \emptyset$ und $G_1 \sqcap G_2 = \emptyset$, folgt mit Satz 18: $G_1 \cup G_2 = A + i\{y \in \mathbb{R}^n\ a_j < y_j < b_j\}$ ist pseudokonvex, was der Voraussetzung widerspricht.

2) Sei ein Gebiet $A + i\{y \in \mathbb{R}^n : a_j < y_j < b_j$ für $1 \leq j \leq n\}$ nicht pseudokonvex, so ist für ein $k \in \{1,\ldots,n\}$ und Zahlen a_k', b_k' mit $0 < b_k' - a_k' \leq b_k - a_k$ auch folgendes Gebiet: $A + i\{y \in \mathbb{R}^n : a_j < y_j < b_j$ für $1 \leq j \leq n$ und $j \neq k$, $a_k' < y_k < b_k'\}$ nicht pseudokonvex.

Denn:

Man wähle eine natürliche Zahl $p_o \in \mathbb{N}$ mit: $\frac{b_k-a_k}{2^{p_o}} < b_k' - a_k' \leq \frac{b_k-a_k}{2^{p_o-1}}$. Setzt man $\varepsilon_o := \min(b_k'-a_k'-\frac{b_k-a_k}{2^{p_o}}, \frac{b_k-a_k}{3})$, so sieht man mit 1) durch Induktion leicht: Für jede natürliche Zahl $p \in \mathbb{N}$ ist das Gebiet $A + i\{y \in \mathbb{R}^n : a_j < y_j < b_j$ für alle $j \neq k$, $0 < y_k < \frac{b_k-a_k}{2^p} + \varepsilon_o\}$ (*) nicht pseudokonvex. Ist nun $p_o = 1$, so ist 1) wegen $\frac{b_k-a_k}{2} < b_k' - a_k' \leq b_k - a_k$ sofort anwendbar; ist dagegen $p_o > 1$, so folgt wegen (*) für $p_o - 1$ und $(\frac{b_k-a_k}{2^{p_o-1}} + \varepsilon_o)\frac{1}{2} < \frac{b_k-a_k}{2^{p_o}} + \varepsilon_o \leq b_k' - a_k' \leq \frac{b_k-a_k}{2^{p_o-1}} + \varepsilon_o$ aus 1) ebenfalls die Behauptung.

2') Ist das Gebiet $A + i\{y \in \mathbb{R}^n : a_j < y_j < b_j$ für $1 \leq j \leq n\}$ nicht pseudokonvex, so gilt mit Zahlen $a_1',\ldots,a_n',b_1',\ldots,b_n'$, die folgenden Ungleichungen genügen: $0 < b_j' - a_j' \leq b_j - a_j$ für $1 \leq j \leq n$, daß das Gebiet $A + i\{y \in \mathbb{R}^n : a_j' < y_j < b_j'$ für $1 \leq j \leq n\}$ nicht pseudokonvex ist.

Denn:

Man wende 2) endlich oft an.

3) Für ein nicht konvexes Gebiet $A \subset \mathbb{R}^n$ gibt es eine Zahl $r_0 > 0$, so daß für $r \geq r_0$ sämtliche Gebiete $A + i\{y \in \mathbb{R}^n : -r < y_j < r$ für $1 \leq j \leq n\}$ nicht pseudokonvex sind.

Denn:

Sonst gibt es eine Folge reeller Zahlen $r_1 < r_2 < \ldots < r_\nu \xrightarrow[\nu\to\infty]{} \infty$, so daß die Gebiete $A + i\{y \in \mathbb{R}^n : -r_\nu < y_j < r_\nu$ für $1 \leq j \leq n\}$ pseudokonvex sind. Dann ist aber auch die Vereinigung $A + i\mathbb{R}^n = T_A$ dieser aufsteigenden Folge ein pseudokonvexes Gebiet; also ist A nach Satz 4 konvex im Widerspruch zur Annahme.

4) Für ein Gebiet $A \subset \mathbb{R}^n$ gilt: ist ein Gebiet der Form $A + i\{y \in \mathbb{R}^n : a_j < y_j < b_j\}$ pseudokonvex, so ist A konvex.

Denn:

Wäre A nicht konvex, so gäbe es mit 3) eine Zahl r mit:

α) $A + i\{y \in \mathbb{R}^n : -r < y_j < r$ für $1 \leq j \leq n\}$ ist nicht pseudokonvex,

β) für $1 \leq j \leq n$ gilt: $0 < b_j - a_j < 2r$.

Damit liefert 2'), daß das Ausgangsgebiet im Gegensatz zur Voraussetzung nicht pseudokonvex ist.

5) Für jedes pseudokonvexe Gebiet $A + iB \subset \mathbb{C}^n$ gilt: A und B sind konvexe Gebiete.

Denn:

Wegen $-i(A + iB) = B + i(-A)$ genügt es, die Konvexität von A zu beweisen. Man wähle ein Intervall $\{y \in \mathbb{R}^n : a_j < y_i < b_i$ für $1 \leq j \leq n\} \subset B$ und bemerke: $A + i\{y \in \mathbb{R}^n : a_j < y_j < b_j$ für $1 \leq j \leq n\}$ ist pseudokonvex als Durchschnitt von $A + iB$ mit dem konvexen Tubengebiet $\mathbb{R}^n + i\{y \in \mathbb{R}^n : a_j < y_j < b_j$ für $1 \leq j \leq n\}$. Aus 4) folgt dann sofort die Konvexität von A.

Damit ist Satz 5 vollständig bewiesen.

Literaturhinweis zu Kapitel II:

Die Theorie der harmonischen Funktionen und der Lösungsmethoden des Dirichletproblems entnehme man den Büchern der Potentialtheorie bzw. der klassischen Funktionentheorie. Während die in Analogie zu den konvexen Funktionen aufgebaute Theorie der subharmonischen Funktionen von Rado [XXV] entwickelt wurde, hat Lelong wohl als erster plurisubharmonische Funktionen studiert; er zeigte auch (21), daß sich die hier gegebene Definition 4, § 1, abschwächen läßt, wie in II 1.4 bereits bemerkt wurde.

Lokale Randeigenschaften von Holomorphiegebieten wurden zuerst von E.E. Levi (23,4) studiert. Wegen der von ihm gestellten Frage, ob diese Bedingungen auch hinreichend sind, entwickelte sich die Theorie der pseudokonvexen Gebiete, wie man z.B. in den Arbeiten von Oka [XXIII] und von Lelong (22) nachlesen kann.

Von Kimura (17 - 19) wurde der Begriff Richtungs-Pseudokonvexität analog den Okaschen Arbeiten eingeführt.

Das Beispiel von Kohn-Nirenberg, das in II. 1.4 angegeben wurde (Beispiel c), findet man in (2o).

Hartogsgebiete werden zum Beispiel in (5) und [XXIX] behandelt. Tubengebiete wurden zuerst von Bochner [V] studiert. Die Charakterisierung der verallgemeinerten pseudokonvexen Tuben stammt von Kajiwara (15); bemerkt sei, daß der dort angegebene Satz: Holomorphiehülle (A + iB) = konvexe Hülle (A) + i konvexe Hülle (B) falsch ist (29); es gilt also nur die hier angegebene Aussage modulo dem Levi-Problem.

Kapitel III Das Levi-Problem

Jedes Holomorphiegebiet ist pseudokonvex (vgl. II.2). Die Frage, ob auch die Umkehrung dieses Sachverhaltes richtig ist, wurde bereits 1911 von E.E. Levi gestellt und wird heute das Levi-Problem genannt. 1912 gab Blumenthal ein Beispiel, das obige Frage verneinte; jedoch war dieses Beispiel falsch, wie 1926 von Behnke gezeigt wurde. Danach blieb das Problem bis 1942 offen und wurde dann für den zweidimensionalen Fall von Oka gelöst; eine Arbeit von Fuks im Jahre 1953 behandelt ebenfalls den Fall $n = 2$. Erst 1954 gelang es Oka, Bremermann und Norguet, den allgemeinen Fall zu lösen. All diese Arbeiten zeigen, daß jedes lokale Holomorphiegebiet bereits Holomorphiegebiet ist; mit dem Satz von Behnke-Stein (1936) über die Vereinigung einer aufsteigenden Familie von Holomorphiegebieten folgt dann: jedes pseudokonvexe Gebiet ist Holomorphiegebiet.

Weitere Beweise unter Benutzung von Kohomologietheorie und Funktionalanalysis wurden von Grauert (1958/6o) und Narasimhan (1961/62) geliefert. Hörmander (1965) gab einen Beweis, der Hilbertraummethoden mit partiellen Differentialgleichungen verband. Mit diesen Methoden gelang es Skoda (1972), einen Divisionssatz zu beweisen, mit dessen Hilfe hier das Levi-Problem - sogar quantitativ - gelöst werden soll.

Kajiwara (1961) hat das Levi-Problem bewiesen für Gebiete, die lokal "fast" Holomorphiegebiete sind; diese sind dann auch global "fast" Holomorphiegebiete. Dagegen gilt für die Theorie der holomorphkonvexen Kompakta, daß der Übergang vom Lokalen zum Globalen falsch ist, wie ein neues Beispiel (1973) von Freeman und Harvey zeigt.

§ 1 Ein Satz aus der Theorie der Hilberträume

III 1.0: Einleitung

Für das Verständnis dieses Paragraphen wird die elementare Theorie der Hilberträume vorausgesetzt, wie man sie etwa in dem Buch von M.A. Neumark: "Normierte Algebren" findet.

III 1.1: Spezielle Hilberträume

Beispiel 1:

Ist $U \subset \mathbb{R}^n$ eine offene Teilmenge, so wird der $\mathbb{C}$-Vektorraum $C_0^\infty(U;\mathbb{C})$ der finiten, komplexwertigen unendlich-oft differenzierbaren Funktionen durch folgendes Skalarprodukt

$$(f,g) := \int_U f(x)\overline{g(x)}\,d\lambda(x) \qquad (f,g \in C_0^\infty(U;\mathbb{C}))$$

zu einem Prä-Hilbertraum.

Beispiel 2:

Für eine offene Teilmenge $G \subset \mathbb{C}^n$ und die Zahl $q \in \mathbb{N}_o$ betrachtet man den $\mathbb{C}$-Vektorraum $C^\infty_{o;q}(G)$ der <u>"differenzierbaren (0,q)-Formen"</u> auf G:

$$C^\infty_{o;q}(G) := \{ \sum_{1\le i_1<\cdots<i_q\le n} \alpha_{i_1\ldots i_q}(z)\,d\overline{z}_{i_1}\wedge\cdots\wedge d\overline{z}_{i_q} \;:\; \alpha_{i_1\ldots i_q} \in C^\infty_o(G;\mathbb{C})\}.$$

Ist $\phi : G \longrightarrow \mathbb{R}$ eine stetige Funktion, so wird $C^\infty_{o;q}(G)$ durch folgendes Skalarprodukt

$$(\omega',\omega'') := \sum_{1\le i_1<\cdots<i_q\le n} \int_G \alpha'_{i_1\ldots i_q}(z)\overline{\alpha''_{i_1\ldots i_q}(z)}\,e^{-\phi(z)}\,d\lambda(z)$$

ebenfalls zu einem Prä-Hilbertraum.

Beispiel 3:

Die Vervollständigung von $C^\infty_o(U;\mathbb{C})$ aus Beispiel 1 ergibt den Raum der quadratintegrablen Funktionen auf U, der wie üblich mit $L^2(U)$ bezeichnet wird.

Vervollständigt man dagegen den Raum $C^\infty_{o;q}(G)$ aus Beispiel 2, so erhält man den Raum

$$L^2_q(G,\phi) := \{ \sum_{1\le i_1<\cdots<i_q\le n} \alpha_{i_1\ldots i_q}(z)\,d\overline{z}_{i_1}\wedge\cdots\wedge d\overline{z}_{i_q} \;:\; \alpha_{i_1\ldots i_q}\,e^{-\frac{\phi}{2}} \in L^2(G)\}$$

<u>"der bezüglich $e^{-\frac{1}{2}\phi}\,d\lambda(z)$ quadratintegrablen (0,q)-Formen"</u>.

III 1.2: Lineare Operatoren

Definition 1:

a) Sind H_1, H_2 Hilberträume, so versteht man unter einem "linearen Operator $\mathcal{T} : H_1 \longrightarrow H_2$" ein Paar $\mathcal{T} = (D_{\mathcal{T}}, T)$, wobei "der Definitionsbereich" $D_{\mathcal{T}}$ von $\mathcal{T}$ ein Teilraum von H_1 und $T : D_{\mathcal{T}} \longrightarrow H_2$ eine lineare Abbildung ist.

b) $\mathcal{T}$ heißt "dicht definiert", falls $D_{\mathcal{T}}$ dichter Teilraum von H_1 ist.

Es wird im folgenden statt $\mathcal{T} = (D_{\mathcal{T}}, T)$ oft nur T und statt $D_{\mathcal{T}}$ nur D_T geschrieben.

Beispiel 4:

Für die Hilberträume $H_q := L_q^2(G,\phi)$ aus Beispiel 3 setzt man:

$D_q := \{ \sum_{1 \leq i_1 < \cdots < i_q \leq n} \alpha_{i_1 \ldots i_q}(z) d\overline{z}_{i_1} \wedge \ldots \wedge d\overline{z}_{i_q} \in H_q$: für jedes q-Tupel $1 \leq i_1 < \ldots < i_q \leq n$, für jeden Index $j \notin \{i_1, \ldots, i_q\}$ und für jede Testfunktion $\alpha \in C_o^\infty(G)$ gilt: $- \int_G \alpha_{i_1 \ldots i_q}(z) \frac{\partial \alpha}{\partial \overline{z}_j}(z) d\lambda(z) = \int_G \beta_{i_1 \ldots i_q j}(z) \alpha(z) d\lambda(z)$ mit $\beta_{i_1 \ldots i_q j} \in L_o^2(G,\phi)\}$.

Offenbar sind die Funktionen $\beta_{i_1 \ldots i_q j}$ " $= \frac{\partial}{\partial \overline{z}_j} \alpha_{i_1 \ldots i_q}$ " als Distributionsableitungen von $\alpha_{i_1 \ldots i_q}$ eindeutig bestimmt, und D_q ist ein Teilraum von H_q. Ist jetzt $\omega = \alpha(z) \in D_o$ bzw. $\omega = \sum_{i=1}^n \alpha_i(z) d\overline{z}_i \in D_1$, so definiert man:

$$T\omega := \sum_{j=1}^{n} \beta_i(z)d\bar{z}_i \qquad \text{bzw.}$$

$$S\omega := \sum_{1\leq i<j\leq n} (\beta_{ji}(z) - \beta_{ij}(z))d\bar{z}_i \wedge d\bar{z}_j .$$

Also hat man, da $C_o^\infty(G;\mathbb{C})$ dicht in $L^2(G,\phi)$ liegt, dicht definierte lineare Operatoren

$$T : L_o^2(G,\phi) \longrightarrow L_1^2(G,\phi) \quad \text{und} \quad S : L_1^2(G,\phi) \longrightarrow L_2^2(G,\phi)$$

mit $D_T := D_o$ und $D_S := D_1$, für die $S \circ T = 0$ gilt.

Definition 2:

Sei $T : H_1 \longrightarrow H_2$ ein linearer Operator zwischen den Hilberträumen H_1, H_2.

a) T heißt "beschränkt", falls mit einem geeigneten $C > 0$ für alle $x \in D_T$ gilt: $||Tx||_{H_2} \leq C \cdot ||x||_{H_1}$.

b) T heißt "abgeschlossen", falls für jede Folge $\{x_\nu\}_{\nu=1}^\infty \subset D_T$, die gegen $x \in H_1$ konvergiert und deren Bildfolge $\{Tx_\nu\}_{\nu=1}^\infty$ gegen $y \in H_2$ konvergiert, gilt: $x \in D_T$ und $Tx = y$.

Bemerkung: Jeder beschränkte, lineare Operator, der global definiert ist (d.h. $D_T = H_1$) ist abgeschlossen.

Beispiel 5:

Die Vektorräume $H_1 = [L_o^2(G,\phi)]^n$ und $H_2 = [L_1^2(G,\phi)]^n$ sind mit folgendem Skalarprodukt

$$((x_1,\dots,x_n),(y_1,\dots,y_n))_{H_i} := \sum_{\nu=1}^{n} (x_\nu,y_\nu)_{L_i^2(G,\phi)}$$

offenbar Hilberträume.

Für den auf $D_o^n := D_o x \dots x D_o$ (n-faches kartesisches Produkt) wie folgt definierten Operator

$$T_n(x_1,\dots,x_n) := (Tx_1,\dots,Tx_n)$$

gilt dann: $T_n : H_1 \longrightarrow H_2$ ist abgeschlossen.

III 1.3: Adjungierte Operatoren

Für Hilberträume H_1, H_2 und einen dicht definierten linearen Operator $T : H_1 \longrightarrow H_2$ setzt man:

$$D_{T^*} := \{y \varepsilon H_2 : \text{es gibt } x \varepsilon H_1 \text{ mit: } (x',x)_{H_1} = (Tx',y)_{H_2} \text{ für alle } x' \varepsilon D_T\}.$$

Man bemerkt sofort:

a) x ist durch y eindeutig bestimmt, da D_T dicht in H_1 liegt.

b) D_{T^*} ist Teilraum von H_2.

Auf D_{T^*} hat man dann folgende lineare Abbildung:

$$D_{T^*} \ni y \longrightarrow T^*y := x \in H_1.$$

Definition 3:

Sind H_1, H_2 und T wie oben gegeben, so heißt $T^* : H_2 \longrightarrow H_1$ "der zu T adjungierte Operator".

Satz 1:

Ist $T : H_1 \longrightarrow H_2$ ein global definierter ($D_T = H_1$), beschränkter linearer Operator, so ist auch $T^* : H_2 \longrightarrow H_1$ ein global definierter, beschränkter linearer Operator.

Der adjungierte Operator eines dicht definierten, linearen Operators ist stets abgeschlossen.

III 1.4: Der Graph eines linearen Operators

Wie bereits in Beispiel 5 bemerkt wurde, ist das kartesische Produkt von Hilberträumen mit dem kanonischen Skalarprodukt wieder ein Hilbertraum.

Definition 4:

$T : H_1 \longrightarrow H_2$ sei ein linearer Operator. Unter dem "Graphen von T" versteht man folgende Punktmenge

$$G(T) := \{(x,Tx) \in H_1 \times H_2 : x \in D_T\}.$$

Lemma 1:

Ist $T : H_1 \longrightarrow H_2$ wie oben, so gilt:

a) $G(T)$ ist Teilraum von $H_1 \times H_2$;

b) $G(T)$ ist abgeschlossen $\Longleftrightarrow$ T ist abgeschlossen.

Der Zusammenhang der Graphen von T und T^* wird in folgendem Lemma beschrieben.

Lemma 2:

Für einen dicht definierten, abgeschlossenen, linearen Operator $T : H_1 \longrightarrow H_2$ gilt mit $U : H_2 \times H_1 \longrightarrow H_1 \times H_2$ $(U(x,y) := (-y,x))$:

a) $G(T)^{\perp} = UG(T^*)$ und mit $V := -U^{-1}$

b) $G(T^*) = (VG(T))^{\perp}$.

Beweis:

Da $G(T)$ abgeschlossen ist, genügt es a) zu zeigen:

1) Ist $(x,y) \in G(T)^{\perp}$, so gilt für jedes $f \in D_T$:

$$0 = ((x,y),(f,Tf))_{H_1 \times H_2} = (x,f)_{H_1} + (y,Tf)_{H_2}.$$

Also folgt wegen $(-x,f)_{H_1} = (y,Tf)_{H_2}$ für alle $f \in D_T$: $y \in D_{T^*}$ und $T^*y = -x$, d.h.

$$(x,y) = (-T^*y,y) = U(y,T^*y) \in UG(T^*).$$

2) Ist $y \in D_{T*}$, so gilt für alle $x \in D_T$ wegen $(x,T^*y)_{H_1} = (Tx,y)_{H_2}$:

$$((-T^*y,y),(x,Tx))_{H_1\times H_2} = (-T^*y,x)_{H_1} + (y,Tx)_{H_2} = 0,$$

was aber $U(y,T^*y) \in G(T)^{\perp}$ zur Folge hat.

Damit ist Lemma 2 bewiesen.

Mit diesem Lemma folgt dann der wichtige Satz:

Satz 2:

Für einen abgeschlossenen, dicht definierten linearen Operator $T : H_1 \longrightarrow H_2$ gilt:

a) D_{T*} ist dicht in H_2;

b) $T^{**} = T$.

Beweis:

a) Nimmt man $\overline{D_{T*}} \neq H_2$ an, so findet man mit dem Projektionssatz ein Element $g \in \overline{(D_{T*})}^{\perp}$ mit $||g||_{H_2} = 1$. Weil aber für jedes $f \in D_{T*}$ gilt:

$$0 = (f,g)_{H_2} = ((-T^*f,f),(0,g))_{H_1\times H_2},$$

folgt mit Lemma 2 sofort:

$$(0,g) \in (UG(T^*))^{\perp} = G(T)^{\perp\perp} = G(T).$$

Also findet man: $0 = T0 = g$, was der Annahme widerspricht.

b) Offenbar ist nur $G(T) = G(T^{**})$ zu zeigen.

Da nach III 1.3 T^* abgeschlossen ist, folgt mit Lemma 2:

$$VG(T) = (VG(T))^{\perp\perp} = G(T^*)^{\perp} = VG(T^{**}).$$

Dann gilt: $G(T) = G(T^{**})$; womit Satz 2 bewiesen ist.

III 1.5: Das Hauptresultat

Satz 3:

Gegeben seien die Hilberträume H_1, H_2, H_3, der lineare beschränkte Operator $T_1 : H_1 \longrightarrow H_2$ mit $D_{T_1} = H_1$, der dicht definierte, abgeschlossene lineare Operator $T_2 : H_1 \longrightarrow H_3$ und der abgeschlossene Unterraum $F_2 \subset H_2$ mit $T_1(\text{Kern } T_2) \subset F_2$. Gilt ferner für ein $C > 0$, daß für alle $x_2 \in F_2$ und alle $x_3 \in D_{T_2^*}$ die Ungleichung

$$||T_1^* x_2 + T_2^* x_3||_{H_1} \geq C||x_2||_{H_2},$$

erfüllt ist, dann gibt es zu jedem $x_2 \in F_2$ ein $x_1 \in \text{Kern } T_2$ mit:

a) $T_1 x_1 = x_2$ und

b) $||x_1||_{H_1} \leq \frac{1}{C}||x_2||_{H_2}$.

Beweis:

$x_2 \in F_2$ sei fest vorgegeben; dann ist $F_1 := \text{Bild } T_2^* + T_1^* F_2$ ein Teilraum von H_1. Wegen

$$|(y_2,x_2)_{H_2}| \leq ||y_2||_{H_2}||x_2||_{H_2} \leq ||x_2||_{H_2} \frac{1}{C}||T_1^*y_2 + T_2^*x_3||_{H_1}$$

für alle $y_2 \in F_2$ und $x_3 \in D_{T_2^*}$ ist $\varphi : F_1 \longrightarrow \mathbb{C}$ mit:

$$\varphi(T_1^*y_2 + T_2^*x_3) := (y_2,x_2)_{H_2}$$

eine stetige Linearform auf F_1, zu der es nach dem Satz von Hahn-Banach eine stetige Linearform $\psi : H_1 \longrightarrow \mathbb{C}$ gibt, die φ fortsetzt, so daß für alle $x \in H_1$ gilt: $|\psi(x)| \leq \frac{1}{C}||x_2||_{H_2}||x||_{H_1}$. Nach dem Satz von Riesz findet man ein Element $x_1 \in H_1$ mit:

$$\psi(x) = (x,x_1)_{H_1} \quad \text{und} \quad ||x_1||_{H_1} \leq \frac{1}{C}||x_2||_{H_2}.$$

Also gilt speziell mit $y_2 = 0$ wegen:

$$(T_2^*x_3,x_1)_{H_1} = 0 = (x_3,0)_{H_3} \quad \text{für alle } x_3 \in D_{T_2^*},$$

daß x_1 in $D_{T_2^{**}} = D_{T_2}$ liegt und $T_2^{**}x_1 = T_2x_1 = 0$ gilt; d.h. $x_1 \in \text{Kern } T_2$.
Weiter berechnet man für $y_2 \in F_2$:

$$(y_2,x_2)_{H_2} = (T_1^*y_2,x_1)_{H_1} = (y_2,T_1x_1)_{H_2} \quad \text{oder}$$

$$(y_2,x_2 - T_1x_1)_{H_2} = 0.$$

Da aber $x_2 - T_1x_1$ in F_2 enthalten ist und F_2 ein Hilbertraum ist, erhält man: $T_1x_1 = x_2$.

§ 2 Schwache und starke Lösungen partieller Differentialgleichungen

III 2.o: Übersicht

Gegeben sei ein "schönes" beschränktes Gebiet G im $\mathbb{R}^n$, das "glatt" berandet ist; $G' \supset\supset G$ sei ein größeres Gebiet. Auf G sollen spezielle Systeme partieller Differentialgleichungen behandelt werden:

es gelten für die KxJ-Matrizen $A^1,\ldots,A^n$, B von $C^1(G')$-Funktionen (a^l_{kj}) bzw. (b_{kj}) und die Tupel $u = (u_1,\ldots,u_J)$, $f = (f_1,\ldots,f_K)$ von reellen $L^2(G)$-Funktionen folgende Gleichungen:

$$\text{a)}\quad -\sum_{l=1}^{n}\sum_{j=1}^{J}\int_G u_j\cdot D_{x_l}(a^l_{kj}\cdot\varphi)\,d\lambda(x) = \int_G f_k\cdot\varphi\,d\lambda x - \sum_{j=1}^{J}\int_G b_{kj}\cdot u_j\cdot\varphi\,d\lambda x$$

für $1 \leq k \leq K$ und alle Testfunktionen $\varphi \in C_o^\infty(G;\mathbb{R})$ sowie

$$\text{b)}\quad -\sum_{l=1}^{n}\sum_{j=1}^{J}\int_{G'} \hat{u}_j\cdot D_{x_l}(a^l_{kj}\cdot\psi)\,d\lambda x = \int_{G'} \hat{f}_k\cdot\psi\,d\lambda x - \sum_{j=1}^{n}\int_{G'} b_{kj}\cdot\hat{u}_j\cdot\psi\,d\lambda x$$

für $1 \leq k \leq K_o$ $(\leq K)$ und alle Testfunktionen $\psi \in C_o^\infty(G';\mathbb{R})$; dabei bezeichne $\hat{u}$ bzw. $\hat{f}$ die triviale Fortsetzung von u bzw. f auf G' und D_{x_j} die partielle Ableitung nach der j-ten Koordinate.

Die Aufgabe dieses Paragraphen ist die Suche nach einer Folge von J-Tupeln $u^\nu = (u^\nu_1,\ldots,u^\nu_J)$ von $C^1(\overline{G})$-Funktionen, die obige Differentialgleichung a) "fast" erfüllen:

$$||\sum_{l=1}^{n} A^{l} D_{x_l} u^{\nu} + Bu^{\nu} - f||_{[L^2(G)]^K} \underset{\nu\to\infty}{\longrightarrow} 0$$

und zudem gewissen Randbedingungen genügen.

Um dieses Problem zu lösen, bedarf es eines genauen Studiums des Faltungsbegriffes bei Funktionen. Alle in diesem Paragraphen vorkommenden Funktionen sind, falls nichts anderes gesagt wird, als reellwertig vorausgesetzt.

III 2.1: Faltungen von Funktionen

Es werden in diesem Abschnitt einige Tatsachen der reellen Analysis ohne Beweis wiederholt. Der interessierte Leser kann sich z.B. mit Hilfe von L. Schwartz: "Théorie des distributions" die Beweise überlegen.

Satz 1:

Sei $\alpha \in C_0^\infty(\mathbb{R}^n)$ eine nicht-negative, reelle Funktion mit $\int_{\mathbb{R}^n} \alpha(x)d\lambda(x) = 1$, und für $\varepsilon > 0$ sei $\alpha_\varepsilon(x) := \frac{1}{\varepsilon^n}\,\alpha(\frac{x}{\varepsilon})$.

Dann gilt für eine Funktion $f \in L^2(G)$ über einem beschränkten Gebiet $G \subset \mathbb{R}^n$ und hinreichend kleine $\varepsilon \in \mathbb{R}_{>0}$:

a) für alle $x \in \mathbb{R}^n$ ist die Funktion $y \longrightarrow \hat{f}(y)\alpha_\varepsilon(x - y)$ über dem $\mathbb{R}^n$ integrabel ($\hat{}$ bezeichne die triviale Fortsetzung auf den $\mathbb{R}^n$);

b) die Funktionen über G : $(f*\alpha_\varepsilon)(x) := \int_{\mathbb{R}^n} \hat{f}(y)\alpha_\varepsilon(x - y)d\lambda(y)$ sind quadratintegrabel und beliebig oft differenzierbar;

c) es gilt: $||f - f*\alpha_\varepsilon||_{L^2(G)} \underset{\varepsilon\to 0}{\longrightarrow} 0$.

Weiter gilt, wie man sofort mit Satz 1 beweisen kann:

Satz 2:

Sei $G \subset\subset \mathbb{C}^n$ ein Gebiet und $f : G \longrightarrow \mathbb{C}$ quadratintegrabel. Es gelte für jede Testfunktion $\varphi \in C_o^\infty(G)$ und jeden Index $1 \leq j \leq n$: $\int_G f(z)(\frac{\partial}{\partial \bar{z}_j}\varphi)(z)d\lambda(z) = 0$. Dann gibt es eine holomorphe Funktion $f' : G \longrightarrow \mathbb{C}$, die auf G fast überall mit f übereinstimmt.

III 2.2: Faltungen längs Hyperebenen

In diesem Abschnitt sei $n \geq 2$ vorausgesetzt. Mit $Q := \{x \in \mathbb{R}^n : |x_i| < R\}$ $(R > 0)$ gilt dann:

Satz 3:

Sei $\varphi \in C_o^\infty(\mathbb{R}^{n-1})$ eine reellwertige, nicht-negative Funktion mit $\int_{\mathbb{R}^{n-1}} \varphi(\tilde{y})d\lambda(\tilde{y}) = 1$. Durch φ_ε $(\varepsilon > 0)$ werde folgende Funktion bezeichnet: $\varphi_\varepsilon(\tilde{x}) := \frac{1}{\varepsilon^{n-1}}\varphi(\frac{\tilde{x}}{\varepsilon})$.
Dann gibt es lineare stetige Operatoren $T_\varepsilon = T_{\varphi_\varepsilon} : L^2(Q) \longrightarrow L^2(Q)$, für die gilt:

a) $T_\varepsilon(f)(x) = \int_{\mathbb{R}^{n-1}} \hat{f}(\tilde{y},x_n)\varphi_\varepsilon(\tilde{x} - \tilde{y})d\lambda(\tilde{y})$, falls f eine Funktion in $C_o^o(Q)$ ist und $\hat{f}$ deren triviale Fortsetzung auf den $\mathbb{R}^n$ bezeichnet;

b) für jedes $f \in L^2(Q)$ ist die Funktion $T_\varepsilon(f)$ nach x_i $(1 \leq i < n)$ differenzierbar, d.h. für alle Testfunktionen $\psi \in C_o^\infty(Q)$ gilt

$$- \int_Q T_\varepsilon(f)D_{x_i} \psi d\lambda(x) = \int_Q g_i^\varepsilon \psi d\lambda(x)$$

mit der $L^2(Q)$-Funktion $g_i^\varepsilon = g_i^\varepsilon(f) = - \int_{\mathbb{R}^{n-1}} \hat{f}(\tilde{y},x_n)(D_{y_i}\varphi_\varepsilon)(\tilde{x}-\tilde{y})d\lambda(\tilde{y})$,

c) $||T_\varepsilon(f) - f||_{L^2(Q)} \underset{\varepsilon\to 0}{\longrightarrow} 0$ für jede Funktion $f \in L^2(Q)$.

Der Beweis von Satz 3 verläuft analog den Beweisen von Satz 1; er sei dem Leser ebenso überlassen wie der Beweis zu folgendem Satz:

Satz 4:

Sei Q, φ und φ_ε wie in Satz 3; sei $a \in C^1(\overline{Q})$ und $j \in \{1,...,n-1\}$. Dann gibt es lineare stetige Operatoren $T_\varepsilon(aD_j*) : L^2(Q) \longrightarrow L^2(Q)$ und $(aD_jT_\varepsilon*) : L^2(Q) \longrightarrow L^2(Q)$, für die gilt:

a) $T_\varepsilon(aD_j*)(v) = T_\varepsilon(aD_{x_j}v)$ für $v \in C_0^\infty(Q)$;

b) $(aD_jT_\varepsilon*)(v) = a\cdot D_{x_j}(T_\varepsilon(v))$ für $v \in C_0^\infty(Q)$.

Satz 4 gibt also zwei Operatoren, die man wie folgt beschreiben kann:

$T_\varepsilon(aD_j*)$ entsteht durch Faltung einer mit a multiplizierten Ableitung, während $(aD_jT_\varepsilon*)$ das Produkt von a mit der Ableitung der Faltung darstellt. Einen Vergleich beider Operatoren liefert dann der folgende Satz, der im wesentlichen auf Friedrichs (13) zurückgeht.

Satz 5:

Sei Q, φ, φ_ε und a wie in Satz 4, so gilt für jede quadratintegrable Funktion $f \in L^2(Q)$ und jeden Index $1 \leq j < n$:

$$||(aD_j T_\varepsilon *)(f) - T_\varepsilon(aD_j *)(f)||_{L^2(Q)} \underset{\varepsilon\to 0}{\longrightarrow} 0.$$

Beweis:

Für vorgegebenes positives $\eta > 0$ wähle man eine Funktion $f_o \in C_o^\infty(Q)$, für die mit noch zu bestimmender Konstante $C > 0$ gilt:

$$||f - f_o||_{L^2(Q)} < \frac{1}{2C} \cdot \eta.$$

Dann folgt:

$$||(aD_j T_\varepsilon *)(f) - T_\varepsilon(aD_j *)(f)||_{L^2(Q)}$$

$$\leq ||(aD_j T_\varepsilon *)(f - f_o)||_{L^2(Q)} + ||T_\varepsilon(aD_j *)(f - f_o)||_{L^2(Q)} +$$

$$||(aD_j T_\varepsilon *)(f_o) - T_\varepsilon(aD_j *)(f_o)||_{L^2(Q)}$$

$$\leq C||f - f_o||_{L^2(Q)} + ||(aD_j T_\varepsilon *)(f_o) - aD_{x_j} f_o||_{L^2(Q)}$$

$$+ ||T_\varepsilon(aD_j *)(f_o) - aD_{x_j} f_o||_{L^2(Q)}$$

$$\leq \eta,$$

falls ε nur hinreichend klein ist; also ist Satz 5 bewiesen.

III 2.3: Starke und schwache Lösungen von Systemen partieller Differentialgleichungen

In diesem Abschnitt wird der in III 2.o angedeutete Satz bewiesen, wobei man zuerst folgenden Spezialfall betrachtet:

Lemma 1:

Gegeben sei im $\mathbb{R}^n$ $(n \geq 2)$: $Q := \{x \in \mathbb{R}^n : |x_i| < R\}$, $Q^- := \{x \in Q : x_n < 0\}$, $Q_1 := \{x \in \mathbb{R}^n : |x_i| < R_1\}$ mit $R_1 < R$ und $Q_1^- := Q_1 \cap Q^-$; natürliche Zahlen $0 < r_0 \leq K_0 \leq K$, $r_0 \leq r \leq K$ und $r \leq J$; KxJ-Matrizen A^l $(1 \leq l \leq n)$ mit $C^1(\overline{Q})$-Gliedern a^l_{kj} und B mit $C^0(\overline{Q})$-Gliedern b_{kj}; dabei sei A^n von folgender speziellen Gestalt:

$$(*) \qquad a^n_{kj} = \begin{cases} 1 & \text{für } 1 \leq k = j \leq r_0 \text{ oder } k = K-i, j = J-i,\ 0 \leq i < r-r_0 \\ 0 & \text{für alle anderen Indizes } k,\ j \end{cases} .$$

Für die Tupel $u = (u_1, \ldots, u_J)$ und $f = (f_1, \ldots, f_K)$ von $L^2(Q^-)$-Funktionen sei vorausgesetzt, daß für alle Testfunktionen $\alpha \in C^\infty_0(Q^-)$ bzw. $\beta \in C^\infty_0(Q)$ gilt:

$$\text{a)} \quad -\int_{Q^-} \sum_{j=1}^{J} \sum_{l=1}^{n} u_j D_{x_l}(a^l_{kj} \cdot \alpha)\, d\lambda(x) + \int_{Q^-} \sum_{j=1}^{J} b_{kj} \cdot u_j \cdot \alpha\, d\lambda(x) = \int_{Q^-} f_k \cdot \alpha\, d\lambda(x)$$

für $1 \leq k \leq K$ bzw.

$$\text{b)} \quad -\int_{Q} \sum_{j=1}^{J} \sum_{l=1}^{n} \hat{u}_j D_{x_l}(a^l_{kj} \cdot \beta)\, d\lambda(x) + \int_{Q} \sum_{j=1}^{J} b_{kj} \cdot \hat{u}_j \cdot \beta\, d\lambda(x) = \int_{Q} \hat{f}_k \cdot \beta\, d\lambda(x)$$

für $1 \leq k \leq K_0$;

dabei bezeichne ^ die triviale Fortsetzung auf Q.

Dann existiert eine Folge von $C^1(\overline{Q_1^-})$-Funktionentupeln $u^\nu = (u_1^\nu,\ldots,u_J^\nu)$ mit:

c) $$\Big|\Big|\sum_{l=1}^{n} A^l D_{x_l} u^\nu + Bu^\nu - f\Big|\Big|_{[L^2(Q_1^-)]^K} \underset{\nu\to\infty}{\longrightarrow} 0$$ und

d) $u_j^\nu(x) = 0$ für $1 \leq j \leq r_o$ und $x_n > -\eta_\nu$ mit einer jeweils geeigneten positiven Zahl η_ν.

Beweis:

1) Nach Voraussetzung gilt im "schwachen Sinn" (das ist die Abkürzung für die Tatsache a) auf Q^- folgendes Differentialgleichungssystem:

$$\sum_{l=1}^{n} A^l D_{x_l} u + Bu = f$$

und auf Q das b) entsprechende.

2) Es wird behauptet: mit einer geeigneten positiven Zahl ε_o gilt für alle Zahlen $0 < \varepsilon < \varepsilon_o$, für alle Funktionen $\alpha \in C_o^\infty(Q_1^-)$ bzw. $\beta \in C_o^\infty(Q_1)$ und für alle natürlichen Zahlen $1 \leq k \leq K$ bzw. $1 \leq k \leq K_o$:

a') $$\int_{Q^-} \{T_\varepsilon(f_k) - \sum_{l=1}^{n-1}\sum_{j=1}^{J} T_\varepsilon(a_{kj}^l D_l{*})(u_j) - \sum_{j=1}^{J} T_\varepsilon(b_{kj}u_j)\}\cdot\alpha d\lambda(x)$$

$$= -\sum_{j=1}^{J} a_{kj}^n \int_{Q^-} T_\varepsilon(u_j)\cdot D_{x_n}\alpha d\lambda(x) \quad \text{bzw.}$$

b') $$\int_Q \{T_\varepsilon(\hat{f}_k) - \sum_{l=1}^{n-1} \sum_{j=1}^{J} T_\varepsilon(a_{kj}^l D_l)(\hat{u}_j) - \sum_{j=1}^{J} T_\varepsilon(b_{kj}\hat{u}_j)\} \cdot \beta d\lambda(x)$$

$$= - \sum_{j=1}^{J} a_{kj}^n \int_Q T_\varepsilon(\hat{u}_j) D_{x_n} \beta d\lambda(x).$$

Zum Nachweis dieser Behauptung kann man sich auf a') beschränken; b') beweist man analog. Wegen $R_1 < R$ findet man eine positive Zahl ε_0, so daß folgende Funktionen $(0 < \varepsilon < \varepsilon_0)$ auf Q^-:

$$\alpha^\varepsilon(x) := \int_{\mathbb{R}^{n-1}} \alpha(x_1 + y_1, \ldots, x_{n-1} + y_{n-1}, x_n) \varphi_\varepsilon(\tilde{y}) d\lambda(\tilde{y})$$

in $C_0^\infty(Q^-)$ liegen; φ_ε ist hier die den Operatoren von III 2.2 zugrunde gelegte Funktion.

Nach Voraussetzung folgt für $1 \leq k \leq K$:

$$- \sum_{l=1}^{n} \sum_{j=1}^{J} \int_{Q^-} u_j D_{x_l}(a_{kj}^l \cdot \alpha^\varepsilon) d\lambda(x) + \sum_{j=1}^{J} \int_{Q^-} u_j b_{kj} \alpha^\varepsilon d\lambda(x)$$

$$= \int_{Q^-} f_k \alpha^\varepsilon d\lambda(x).$$

Aus dieser Gleichung erhält man mit folgenden Formeln die Behauptung a'):

α) $$\int_{Q^-} f_k(x) \alpha^\varepsilon(x) d\lambda(x) = \int_{Q^-} T_\varepsilon(f_k)(x) \alpha(x) d\lambda(x),$$

β) $$-\int_{Q^-} u_j(x) D_{x_l}(a_{kj}^l(x) \alpha^\varepsilon(x)) d\lambda(x) = \int_{Q^-} T_\varepsilon(a_{kj}^l D_l *)(u_j)(x) \cdot \alpha(x) d\lambda(x)$$

für $1 \leq l < n$,

$$\gamma)\quad \int_{Q^-} b_{kj}(x)u_j(x)\alpha^\varepsilon(x)d\lambda(x) = \int_{Q^-} T_\varepsilon(b_{kj}u_j)(x)\cdot\alpha(x)d\lambda(x),$$

$$\delta)\quad \int_{Q^-} u_j(x)D_{x_n}\alpha^\varepsilon d\lambda(x) = \int_{Q^-} T_\varepsilon(u_j)(x)\cdot D_{x_n}\alpha(x)d\lambda(x).$$

Es sind also noch die Formeln α) - δ) zu beweisen; diese Beweise mögen dem Leser überlassen werden: er benutze dabei den Satz von Fubini, die Dichtheit von $C_0^\infty(Q^-)$ in $L^2(Q^-)$ und die Eigenschaften der Operatoren aus Satz 4.

3) Aus den Aussagen a') und b') folgt auf Grund der speziellen Gestalt der a_{kj}^n die Existenz von quadratintegrablen Funktionen

$$\begin{aligned} &g_j^\varepsilon \in L^2(Q_1) && \text{für } 1 \le j \le r_0, \\ &g_j^\varepsilon \in L^2(Q_1^-) && \text{für } J - (r-r_0) < j \le J, \\ &g_j^\varepsilon \equiv 0 && \text{für } r_0 < j \le J - (r-r_o), \end{aligned}$$

für die mit Funktionen $\beta \in C_0^\infty(Q_1^-)$ bzw. $\alpha \in C_0^\infty(Q_1)$ gilt:

$$e)\quad -\int_{Q_1} T_\varepsilon(\hat{u}_j)\cdot D_{x_n}\alpha d\lambda(x) = \int_{Q_1} g_j^\varepsilon\cdot\alpha d\lambda(x) \qquad (1 \le j \le r_0),$$

$$f)\quad -\int_{Q_1^-} T_\varepsilon(u_j)\cdot D_{x_n}\beta d\lambda(x) = \int_{Q_1^-} g_j^\varepsilon\cdot\beta d\lambda(x) \qquad (J - (r-r_0) < j \le J)$$

d.h. $T_\varepsilon(u_j)$ besitzt eine schwache x_n-Ableitung in $L^2(Q_1)$ für $1 \le j \le r_0$ bzw. in $L^2(Q_1^-)$ für $J - (r-r_0) < j \le J$.

4) Benutzt man Satz 5, so erhält man leicht folgende Konvergenzaussagen:

g) $\left\|\sum_{l=1}^{n-1} \sum_{j=1}^{J} (a_{kj}^{l} D_l T_\varepsilon *)(u_j) + \sum_{j=1}^{J} b_{kj} T_\varepsilon(u_j) + \sum_{j=1}^{J} a_{kj}^{n} g_j^\varepsilon - f_k\right\|_{L^2(Q_1^-)}$

$\underset{\varepsilon\to 0}{\longrightarrow} 0$ für $1 \leq k \leq K$,

h) $\left\|\sum_{l=1}^{n-1} \sum_{j=1}^{J} (a_{kj}^{l} D_l T_\varepsilon *)(\hat{u}_j) + \sum_{j=1}^{J} b_{kj} T_\varepsilon(\hat{u}_j) + \sum_{j=1}^{J} a_{kj}^{n} g_j^\varepsilon - \hat{f}_k\right\|_{L^2(Q_1)}$

$\underset{\varepsilon\to 0}{\longrightarrow} 0$ für $1 \leq k \leq K_o$.

5) Mit Testfunktionen $\psi^\pm \in C_o^\infty(\mathbb{R}^n)$, $\psi^\pm \geq 0$, $\int_{\mathbb{R}^n} \psi^\pm(x)d\lambda(x) = 1$ und $\operatorname{Tr} \psi^\pm \subset \{x \in \mathbb{R}^n : |x_i| < 1 \text{ und } \pm x_n > 0\}$ setzt man für $\delta > 0$: $\psi_\delta^\pm(x) := \frac{1}{\delta^n} \psi(\frac{x}{\delta})$.

Dann gilt für die $C^1(\overline{Q_1^-})$-Funktionen:

$$u_j^{\varepsilon,\delta} := \begin{cases} T_\varepsilon(u_j)*\psi_\delta^+ & \text{für } r_o < j \leq JJ \\ T_\varepsilon(\hat{u}_j)*\psi_\delta^- & \phantom{\text{für }} 1 \leq j \leq r_o \end{cases}$$

wegen Satz 1 für $l < n-1$ in $L^2(Q_1^-)$:

$$a_{kj}^{l} D_{x_l}(u_j^{\varepsilon,\delta}) - (a_{kj}^{l} D_l T_\varepsilon *)(\hat{u}_j)*\psi_\delta^\pm \underset{\delta\to 0}{\longrightarrow} 0.$$

Da $T_\varepsilon(u_j)$ für $1 \leq j \leq r_o$ und $J - (r-r_o) < j \leq J$ eine schwache x_n-Ableitung über Q_1^- besitzt, folgt wegen der speziellen Gestalt der a_{kj}^n zusätzlich:

$$a_{kj}^{n} D_{x_n}(u_j^{\varepsilon,\delta}) - a_{kj}^{n} g_j^\varepsilon * \psi_\delta^\pm \underset{\delta\to 0}{\longrightarrow} 0 \text{ in } L^2(Q_1^-).$$

Dann ergibt sich wegen g) und h) mit dem üblichen Diagonalverfahren die Behauptung c) von Lemma 1, während d) aus der Definition von $u_j^{\varepsilon,\delta}$ folgt. Folglich ist Lemma 1 bewiesen.

Der nächste Schritt besteht nun darin, sich von der speziellen Form der Matrix A^n zu lösen, man erhält:

<u>Lemma 2:</u>

Es gelten die Voraussetzungen von Lemma 1 mit Ausnahme von (*). Statt (*) wird angenommen, daß der Rang von A^n bzw. $A^n(K_o) := (a_{kj}^n : 1 \leq j \leq J, 1 \leq k \leq K_o)$ in einer Umgebung $Q \cap \{x \varepsilon \mathbb{R}^n : x_n = 0\}$ gleich r bzw. r_o sei.
Dann sind für einen geeigneten Würfel $Q' = \{x \varepsilon \mathbb{R}^n : |x_i| < R'\}$ um den Ursprung, $Q' \subset\subset Q$, die Aussagen von Lemma 1 richtig.

Beweis:

1) Nach Voraussetzung gilt für die K_oxJ-Matrix $A^n(K_o)$ nahe $Q \cap \{x \varepsilon \mathbb{R}^n : x_n = 0\}$: rang $A^n(K_o) \equiv r_o$. Man kann also nach eventueller Umnumerierung der Tupel u und f annehmen, daß in einer Umgebung der Abschließung eines geeigneten Würfels $Q_1 := \{x \varepsilon \mathbb{R}^n : |x_i| < R_1\} \subset\subset Q$ gilt:

$$\text{rang}(a_{kj}^n(x) : 1 \leq k,j \leq r_o) \equiv r_o.$$

2) Setzt man auf Q_1^-:

$$u' := \begin{pmatrix} A^n(r_o) \\ \hline O \quad E \end{pmatrix} \cdot u|_{Q_1^-} = T \cdot u|_{Q_1^-},$$

wobei E die $(J-r_o)$-dimensionale Einheitsmatrix bezeichnet, so gilt offenbar: $u' \in [L^2(Q_1^-)]^J$.

3) Schreibt man $A^n(r_o) = (T_1, T_2)$ mit $T_1 := (a^n_{kj} : 1 \leq k,j \leq r_o)$, so gilt $\det T = \det T_1 \neq 0$ auf einer Umgebung von $\overline{Q_1}$. Dann ist folgende Matrix

$$S = (s_{ij} : 1 \leq i,j \leq J) := \begin{pmatrix} T_1^{-1} & -T_1^{-1}T_2 \\ O & E \end{pmatrix}$$

auf $\overline{Q}_1$ mit $C^1(\overline{Q}_1)$-Koeffizienten s_{ij} die Inverse zu T.

4) Nach Voraussetzung von Lemma 2 und der Definition von u' erhält man sofort für Funktionen $\alpha \in C_o^\infty(Q_1^-)$ bzw. $\beta \in C_o^\infty(Q_1)$:

a') $$-\sum_{l=1}^{n} \sum_{\lambda=1}^{J} \int_{Q_1^-} u'_\lambda D_{x_l}(c^l_{k\lambda} \cdot \alpha)\, d\lambda(x) + \sum_{\lambda=1}^{J} \int_{Q_1^-} d_{k\lambda} \cdot u'_\lambda \cdot \alpha \, d\lambda(x)$$

$$= \int_{Q_1^-} f_k \cdot \alpha \, d\lambda(x) \quad \text{für } 1 \leq k \leq K \text{ bzw.}$$

b') $$-\sum_{l=1}^{n} \sum_{\lambda=1}^{J} \int_{Q_1} \hat{u}'_\lambda D_{x_l}(c^l_{k\lambda} \cdot \beta)\, d\lambda(x) + \sum_{\lambda=1}^{J} \int_{Q_1} d_{k\lambda} \cdot \hat{u}'_\lambda \cdot \beta \, d\lambda(x)$$

$$= \int_{Q_1} \hat{f}_k \cdot \beta \, d\lambda(x) \quad \text{für } 1 \leq k \leq K_o;$$

dabei hat man folgende Abkürzungen benutzt:

$$c^l_{k\lambda} := \sum_{j=1}^{J} s_{j\lambda} a^l_{kj} \in C^1(\overline{Q_1}),$$

$$d_{k\lambda} := \sum_{l=1}^{n} \sum_{j=1}^{J} (D_{x_l} s_{j\lambda}) a^l_{kj} + \sum_{j=1}^{J} s_{j\lambda} b_{kj} \in C^0(\overline{Q_1}).$$

Also sind auf Q_1 die Voraussetzungen von Lemma 2 für folgendes neue "Differentialgleichungssystem":

$$C^1 D_{x_1} u' + \ldots + C^n D_{x_n} u' = f \tag{**}$$

mit $C^l := (c^l_{k\lambda}) = A^l \cdot S$ und $D := (d_{k\lambda}) = \sum_{l=1}^{n} A^l D_{x_l} S + BS$ erfüllt. Zudem stellt man fest, daß die Matrix C^n folgende Form hat:

$$C^n = \begin{array}{c|c|c|l} \multicolumn{1}{c}{} & \multicolumn{1}{c}{\leftarrow r_o \rightarrow} & \multicolumn{1}{c}{\leftarrow J-r_o \rightarrow} & \\ \cline{2-3} r_o & E & 0 & \uparrow \\ \cline{2-3} & T_3 & T_4 & K_o \downarrow \\ \cline{2-3} & T_5 & T_6 & K-K_o \\ \cline{2-3} \end{array}$$

Da S auf $\overline{Q_1}$ nicht-singulär ist, muß wegen der Rangbedingung von $A^n(K_0)$ auf $\overline{Q_1}$ notwendig T_4 verschwinden.

5) Nimmt man auf einem Würfel $Q_2 := \{x \in \mathbb{R}^n : |x_i| < R_2\} \subset\subset Q_1$ die Aussage von Lemma 1 für das System (**) an, so rechnet man sofort nach, daß die Funktionen

$$u^\nu := Tu'^\nu$$

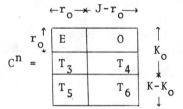

die Behauptung von Lemma 2 erfüllen; es genügt also, nur noch das System (**) zu studieren.

6) Nach 4) b') gilt für $r_o < \mu \leq K_o$ und $\alpha \in C_o^\infty(Q_1)$:

$$- \sum_{l=1}^{n} \sum_{j=1}^{J} \int_{Q_1} \hat{u}_j^! D_{x_l}(c_{\mu j}^l \cdot \alpha) d\lambda(x) + \sum_{j=1}^{J} \int_{Q_1} \hat{u}_j^! \cdot d_{\mu j} \cdot \alpha d\lambda(x)$$

$$= \int_{Q_1} \hat{f}_\mu \cdot \alpha \, d\lambda(x) \qquad (*)$$

Wegen des Approximationssatzes von Weierstrass gilt auch für die $C_o^1(Q_1)$-Funktion $\alpha \cdot c_{\mu\nu}^n$:

$$- \sum_{l=1}^{n-1} \sum_{j=1}^{J} \int_{Q_1} \hat{u}_j^! D_{x_l}(c_{\nu j}^l \cdot \alpha c_{\mu\nu}^n) d\lambda(x) - \int_{Q_1} \hat{u}_\nu^! D_{x_n}(c_{\mu\nu}^n \alpha) d\lambda(x)$$

$$+ \sum_{j=1}^{J} \int_{Q_1} \hat{u}_j^! d_{\nu j} c_{\mu\nu}^n \cdot \alpha \, d\lambda(x) = \int_{Q_1} \hat{f}_\nu c_{\mu\nu}^n \alpha \, d\lambda(x). \qquad (**)$$

Summation über ν (= $1,\ldots,r_o$) und Subtraktion von (*) liefert:

$$- \sum_{l=1}^{n-1} \sum_{j=1}^{J} \int_{Q_1} \hat{u}_j^! D_{x_l}[(c_{\mu j}^l - \sum_{\nu=1}^{r_o} c_{\nu j}^l c_{\mu\nu}^n)\alpha] d\lambda(x)$$

$$- \sum_{j=r_o+1}^{J} \int_{Q_1} \hat{u}_j^! D_{x_n}(c_{\mu j}^n \alpha) d\lambda(x) + \sum_{j=1}^{J} \int_{Q_1} \hat{u}_j^! (d_{\mu j} - \sum_{\nu=1}^{r_o} d_{\nu j} c_{\mu\nu}^n) \cdot \alpha d\lambda(x)$$

$$= \int_{Q_1} (\hat{f}_\mu - \sum_{\nu=1}^{r_o} \hat{f}_\nu c_{\mu\nu}^n) \cdot \alpha d\lambda(x).$$

Da wegen 4) a') die Gleichung (**) auch für alle $\alpha \in C_o^\infty(Q_1^-)$ und $r_o < \mu \leq K$ richtig ist, erhält man ein "Gleichungssystem":

$$F^1 D_{x_1} u' + \dots + F^n D_{x_n} u' + Hu' = g$$

mit den $C^1(\overline{Q}_1)$-Matrizen F^l $(F^l(r_o) = C^l(r_o))$, der $C^o(Q_1)$-Matrix H und dem K-Tupel $g = (g_1,\dots,g_k)$ von $L^2(Q_1^-)$-Funktionen, das wiederum den Voraussetzungen von Lemma 2 genügt.

7) Kann man für dieses System die Behauptung von Lemma 1 auf einem kleinen Würfel nachweisen, so folgt wegen $F^l(r_o) = C^l(r_o)$ und $H(r_o) = D(r_o)$, daß man das System (**) wie behauptet gelöst hat, also mit 5) das Lemma bewiesen ist.

8) Nach Voraussetzung gilt nahe dem Nullpunkt

$$\text{rang } F^n = \text{rang } A^n = r,$$

und nach Konstruktion findet man:

$$F^n = \begin{array}{c} \\ r_o \updownarrow \\ \\ \end{array} \overset{\leftarrow r_o \rightarrow}{\left[\begin{array}{c|c} E & 0 \\ \hline 0 & F_1 \end{array}\right]} \begin{array}{c} \updownarrow K_o \\ \\ \end{array} \; \updownarrow K$$

Man befindet sich also wegen rang $F_1 = r - r_o$ nahe der Null wieder in der Situation von 1). Transformationen analog zu 1) und 6) führen auf die Voraussetzungen von Lemma 1 nach Einschränkung auf einen geeigneten Würfel $Q_2 \subset\subset Q_1$. Mit Lemma 1 und den Rücktransformationen ist dann Lemma 2 bewiesen.

Mit diesen Vorbereitungen ist es klar, wie folgender Satz zu beweisen ist; deshalb wird der Beweis nur angedeutet.

Satz 6:

Sei $G \subset\subset \mathbb{R}^n$ $(n \geq 2)$ ein Gebiet mit einer globalen Randfunktion (U,ρ); $G' \supset\supset G$ sei ein größeres Gebiet. Für KxJ-Matrizen A^j $(1 \leq j \leq n)$ bzw. B von $C^1(G')$- bzw. $C^0(G')$-Funktionen gelte, daß der Rang der Matrizen $\sum_{\nu=1}^{n} A^\nu \frac{\partial\rho}{\partial x_\nu}$ bzw. $\sum_{\nu=1}^{n} A^\nu(K_o) \frac{\partial\rho}{\partial x_\nu}$ $(0 \leq K_o \leq K)$ nahe dem Rand ∂G lokal konstant ist; dabei gilt $A^\nu(K_o) := (a^\nu_{kj}\ 1 \leq k \leq K_o,\ 1 \leq j \leq J)$.

Dann folgt für Tupel $u = (u_1,\ldots,u_J)$ und $f = (f_1,\ldots,f_k)$ von $L^2(G)$-Funktionen, die den Bedingungen a) und b) von Lemma 1 bezüglich des Paares (G,G') statt (Q^-,Q) genügen, daß eine Folge von $C^1(\overline{G})$-Funktionen-J-Tupeln $u^\nu = (u^\nu_1,\ldots,u^\nu_J)$ existiert mit den Eigenschaften:

a) $$\left|\left| \sum_{l=1}^{n} A^l D_{x_l} u^\nu + Bu^\nu - f \right|\right|_{[L^2(G)]^K} \underset{\nu\to\infty}{\longrightarrow} 0;$$

b) $$\left[\sum_{\mu=1}^{n} A^\mu(K_o) \frac{\partial\rho}{\partial x_\mu}\right] \cdot u^\nu = 0 \text{ auf } \partial G.$$

Beweis:

Mit Teilung der Eins und Koordinatentransformation führt man lokal die Situation von Lemma 2 herbei. Dann erhält man durch Zusammenkleben die Behauptung.

§ 3 Eine Dichtheitsaussage

In diesem Paragraphen bezeichne G stets ein beschränktes Gebiet im $\mathbb{C}^n$ mit der globalen Randfunktion (U,ρ); G' sei ein $\overline{G}$ umfassendes Gebiet, und $\phi : G' \longrightarrow \mathbb{R}$ sei eine C^2-Funktion auf G'.

Man betrachtet folgende Kette abgeschlossener Operatoren (vgl. III 1.2)

$$L_o^2(G,\phi) \xrightarrow{T} L_1^2(G,\phi) \xrightarrow{S} L_2^2(G,\phi),$$

die durch die jeweiligen äußeren Ableitungen $\overline{\partial}$ definiert sind. Es soll gezeigt werden, daß $D_{T^*} \cap D_S$ eine dichte Teilmenge von auf $\overline{G}$ differenzierbaren Formen enthält.

III 3.1: Der Operator T*

Es gilt:

Lemma 1:

Ist $f = \sum_{j=1}^{n} f_j(z)d\overline{z}_j \in D_{T^*}$, so gilt:

$$T^*f = -\sum_{j=1}^{n} e^{\phi} \frac{\partial}{\partial z_j}(f_j e^{-\phi}) \in L_o^2(G,\phi),$$

wobei hier die Ableitungen im Distributionssinn zu verstehen sind.

Beweis:

Setzt man $T^*f =: h \in L_0^2(G,\phi)$, so berechnet sich für alle finiten Testfunktionen $g \in C_0^\infty(G)$:

$$\begin{array}{ccc} (T^*f, ge^{+\phi})_{L_0^2(G,\phi)} & = & (f, T(ge^{+\phi}))_{L_1^2(G,\phi)} \\ \| & & \| \\ \int_G h(z)g(z)d\lambda(z) & & \sum_{j=1}^n \int_G f_j(z) \frac{\partial}{\partial z_j}(g(z)e^{+\phi(z)})e^{-\phi(z)}d\lambda(z) \\ \| & & \| \\ h(g) & & [-\sum_{j=1}^n e^{\phi} \frac{\partial}{\partial z_j}(f_j e^{-\phi})](g). \end{array}$$

III 3.2: Der Hauptsatz

Die ausführliche Formulierung der angestrebten Dichtheitsaussage lautet wie folgt:

Satz 1:

Zu jeder Form $f = \sum_{j=1}^n f_j(z)d\overline{z}_j \in D_{T^*} \cap D_S$ gibt es eine Folge auf $\overline{G}$ differenzierbarer Formen $f^\nu = \sum_{j=1}^n f_j^\nu(z)d\overline{z}_j$, $(f_j^\nu \in C^1(\overline{G},\mathbb{C}))$ mit:

1) $||f^\nu - f||_{L_1^2(G,\phi)} \underset{\nu\to\infty}{\longrightarrow} 0$,

2) $||Sf^\nu - Sf||_{L_2^2(G,\phi)} \underset{\nu\to\infty}{\longrightarrow} 0$,

3) $||T^*f^\nu - T^*f||_{L_0^2(G,\phi)} \underset{\nu\to\infty}{\longrightarrow} 0$,

4) $\sum_{j=1}^n f_j^\nu \frac{\partial\rho}{\partial z_j}|_{\partial G} \equiv 0$.

Bemerkung: T^* ist offenbar als Differentialoperator (vgl. Lemma 1) auf allen differenzierbaren Formen definiert, obwohl diese Formen nicht in D_{T^*} zu liegen brauchen. In diesem Sinne ist in

3) T^*f^ν zu verstehen. Man kann allerdings aus 4) auch herleiten, daß $f^\nu \in D_{T^*}$ gilt, was hier aber unterlassen bleibt.

Beweis:

1. Man betrachtet in Anlehnung an III.2 folgendes Differentialgleichungssystem

$$\begin{pmatrix} T^* \\ S \\ E \end{pmatrix} u = \begin{pmatrix} T^*f \\ S\,f \\ f \end{pmatrix}, \qquad (*)$$

dessen reelle Form sich wie folgt berechnet:

α)

$$Su = S\binom{v}{w} = \frac{1}{2}\sum_{\nu=1}^{n}\begin{pmatrix} A^\nu & 0 \\ 0 & A^\nu \end{pmatrix} D_{x_\nu}\binom{v}{w} + \frac{1}{2}\sum_{\nu=1}^{n}\begin{pmatrix} 0 & -A^\nu \\ A^\nu & 0 \end{pmatrix} D_{y_\nu}\binom{v}{w}$$

mit:

a) $u = (u_1,\dots,u_n) = (v_1 + iw_1,\dots,v_n + iw_n) \in [L^2(G)]^n$.

b) den $\binom{n}{2}$xn-Matrizen $A^i = (a^i_{\nu\mu})$

$$a^i_{\nu\mu} := \begin{cases} -1 \text{ für } \nu = \sum_{\gamma=1}^{\lambda-1}(n-\gamma) + i - \lambda,\ \mu = \lambda, & 1 \le \lambda \le i-1 \\ 1 \text{ für } \nu = \sum_{\gamma=1}^{i-1}(n-\gamma) + \lambda, \quad \mu = i + \lambda, & 1 \le \lambda \le n-i \\ 0 \quad \text{sonst} & \end{cases}$$

(Die leere Summation wird wie üblich als Null gedeutet.)

β)

$$T^*u = T^*\binom{v}{w} = \frac{1}{2}\Big[\sum_{\nu=1}^{n} \widetilde{A}^{\nu} D_{x_\nu}\binom{v}{w} + \sum_{\nu=1}^{n} \widetilde{\widetilde{A}}^{\nu} D_{y_\nu}\binom{v}{w} + B_1\binom{v}{w}\Big]$$

mit den 2x2n Matrizen $\widetilde{A}^{\nu}$, $\widetilde{\widetilde{A}}^{\nu}$ und B_1:

$$\widetilde{a}^{\nu}_{ij} := \begin{cases} 1 & \text{für} \quad i = 1,\ j = \nu \text{ und } i = 2,\ j = n + \nu \\ 0 & \text{sonst} \end{cases},$$

$$\widetilde{\widetilde{a}}^{\nu}_{ij} := \begin{cases} 1 & \text{für} \quad i = 1,\ j = n + \nu \\ -1 & \text{für} \quad i = 2,\ j = \nu \\ 0 & \text{sonst} \end{cases};$$

B_1 ist dabei eine Matrix mit auf G' stetigen Elementen.

Insgesamt hat dann die linke Seite von (*) folgende Darstellung mit $C = \frac{1}{2} B_1$:

$$\frac{1}{2}\sum_{\nu=1}^{n} \begin{pmatrix} \widetilde{A}^{\nu} \\ \begin{matrix} A^{\nu} & 0 \\ 0 & A^{\nu} \end{matrix} \\ 0 \end{pmatrix} D_{x_\nu}\binom{v}{w} + \frac{1}{2}\sum_{\nu=1}^{n} \begin{pmatrix} \widetilde{\widetilde{A}}^{\nu} \\ \begin{matrix} 0 & -A^{\nu} \\ A^{\nu} & 0 \end{matrix} \\ 0 \end{pmatrix} D_{y_\nu}\binom{v}{w} + \begin{pmatrix} C \\ 0 \\ E \end{pmatrix}\binom{v}{w};$$

wobei E die 2nx2n Einheitsmatrix bezeichnet.

2. Um Satz 6 von III.2 anwenden zu können, genügt es für 2n-Tupel reeller Zahlen $(a,b) = (a_1,\ldots,a_n,b_1,\ldots,b_n) \neq 0$ zu zeigen, daß die Matrizen:

α)

$$\sum_{\nu=1}^{n} \tilde{A}^{\nu} a_{\nu} + \sum_{\nu=1}^{n} \tilde{\tilde{A}}^{\nu} b_{\nu} \quad \text{und}$$

β)

$$\sum_{\nu=1}^{n} \begin{pmatrix} \tilde{A}^{\nu} & \\ A^{\nu} & 0 \\ 0 & A^{\nu} \end{pmatrix} a_{\nu} + \sum_{\nu=1}^{n} \begin{pmatrix} \tilde{\tilde{A}}^{\nu} & \\ 0 & -A^{\nu} \\ A^{\nu} & 0 \end{pmatrix} b_{\nu}$$

maximalen Rang haben.

Der Fall α) sei dem Leser überlassen; im zweiten Fall sei o.B.d.A. vorausgesetzt: $a_1 = \ldots = a_{i-1} = 0$ und $a_i \neq 0$ für ein $i \in \{1,\ldots,n\}$. Dann betrachtet man folgende 2nx2n "Untermatrix" H von β):

$$H := \begin{array}{c} \\ \end{array}\begin{array}{|c|c|c|c|c|c|l}
\multicolumn{1}{c}{\leftarrow i-1 \rightarrow} & \multicolumn{1}{c}{1} & \multicolumn{1}{c}{\leftarrow n-i \rightarrow} & \multicolumn{1}{c}{\leftarrow i-1 \rightarrow} & \multicolumn{1}{c}{1} & \multicolumn{1}{c}{\leftarrow n-i \rightarrow} & \\
\hline
\begin{matrix} -a_i & & 0 \\ & \ddots & \\ 0 & & -a_i \end{matrix} & 0 & 0 & \begin{matrix} b_i & & 0 \\ & \ddots & \\ 0 & & b_i \end{matrix} & 0 & 0 & i-1 \\
\hline
0 & \begin{matrix} -a_{i+1} \\ \vdots \\ -a_n \end{matrix} & \begin{matrix} a_i & & 0 \\ & \ddots & \\ 0 & & a_i \end{matrix} & 0 & \begin{matrix} b_{i+1} \\ \vdots \\ b_n \end{matrix} & \begin{matrix} -b_i & & 0 \\ & \ddots & \\ 0 & & -b_i \end{matrix} & n-i \\
\hline
\begin{matrix} -b_i & & 0 \\ & \ddots & \\ 0 & & -b_i \end{matrix} & 0 & 0 & \begin{matrix} -a_i & & 0 \\ & \ddots & \\ 0 & & -a_i \end{matrix} & 0 & 0 & i-1 \\
\hline
0 & \begin{matrix} -b_{i+1} \\ \vdots \\ -b_n \end{matrix} & \begin{matrix} b_i & & 0 \\ & \ddots & \\ 0 & & b_i \end{matrix} & 0 & \begin{matrix} -a_{i+1} \\ \vdots \\ -a_n \end{matrix} & \begin{matrix} a_i & & 0 \\ & \ddots & \\ 0 & & a_i \end{matrix} & n-i \\
\hline
0 \cdots 0 & a_i & a_{i+1} \cdots a_n & b_1 \cdots b_{i-1} & b_i & b_{i+1} \cdots b_n & 1 \\
\hline
-b_1 \cdots -b_{i-1} & -b_i & -b_{i+1} \cdots -b_n & 0 \cdots 0 & a_i & a_{i+1} \cdots a_n & 1 \\
\hline
\multicolumn{3}{c}{(1)} & \multicolumn{3}{c}{(2)} &
\end{array}$$

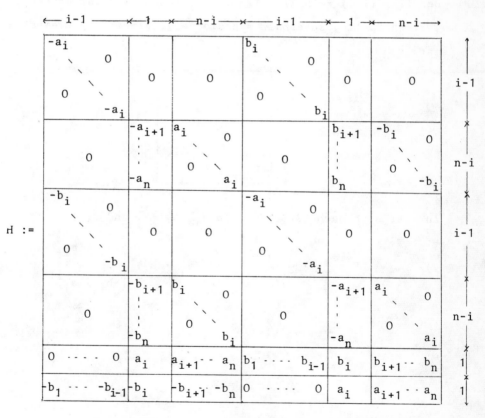

wobei die ersten zwei Zeilen des T^*-Anteils hier als die beiden letzten Zeilen erscheinen.

Da nach Voraussetzung $a_i \neq 0$ gilt, findet man reelle Zahlen α_j, β_j, γ_j und δ_j $(i + 1 \leq j \leq n)$ mit:

$$\begin{pmatrix} a_i & -b_i \\ b_i & a_i \end{pmatrix} \begin{pmatrix} \alpha_j \\ \beta_j \end{pmatrix} = \begin{pmatrix} a_j \\ b_j \end{pmatrix} \quad \text{und} \quad \begin{pmatrix} a_i & -b_i \\ b_i & a_i \end{pmatrix} \begin{pmatrix} \gamma_j \\ \delta_j \end{pmatrix} = \begin{pmatrix} -b_j \\ a_j \end{pmatrix}.$$

Schreibt man die Spalten (1) und (2) von H als erste bzw. zweite Spalte und addiert dann das α_j-fache bzw. das γ_j-fache der $(2 + (i-1) + j)$-ten Spalte und das β_j-fache bzw. das δ_j-fache der $(2 + (i-1) + (n-i) + (i-1) + j)$-ten Spalte zur ersten bzw. zweiten Spalte, so erhält man die verallgemeinerte Dreiecksmatrix:

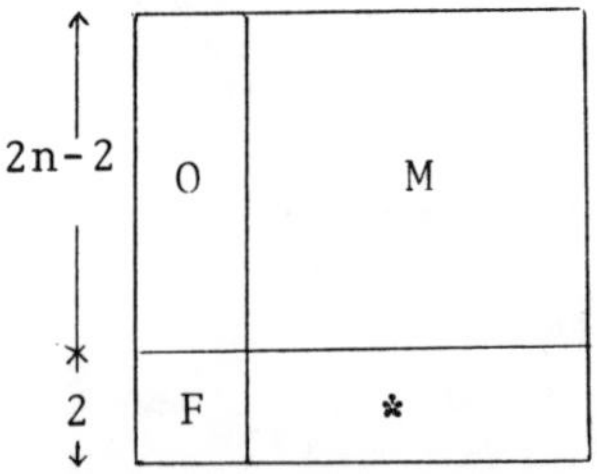

,

aus der sich nach Einsetzen von α_j, β_j, γ_j und δ_j ergibt:

1) $$F = \left[1 + \frac{1}{a_i^2 + b_i^2} \sum_{j=i+1}^{n} (a_j^2 + b_j^2)\right] \begin{pmatrix} a_i & b_i \\ -b_i & a_i \end{pmatrix}$$

2)

$$M = \left[\begin{array}{c|c|c|c} \begin{smallmatrix}-a_i & & 0\\ & \ddots & \\ 0 & & -a_i\end{smallmatrix} & 0 & \begin{smallmatrix}b_i & & 0\\ & \ddots & \\ 0 & & b_i\end{smallmatrix} & 0 \\ \hline 0 & \begin{smallmatrix}a_i & & 0\\ & \ddots & \\ 0 & & a_i\end{smallmatrix} & 0 & \begin{smallmatrix}-b_i & & 0\\ & \ddots & \\ 0 & & -b_i\end{smallmatrix} \\ \hline \begin{smallmatrix}-b_i & & 0\\ & \ddots & \\ 0 & & -b_i\end{smallmatrix} & 0 & \begin{smallmatrix}-a_i & & 0\\ & \ddots & \\ 0 & & -a_i\end{smallmatrix} & 0 \\ \hline 0 & \begin{smallmatrix}b_i & & 0\\ & \ddots & \\ 0 & & b_i\end{smallmatrix} & 0 & \begin{smallmatrix}a_i & & 0\\ & \ddots & \\ 0 & & a_i\end{smallmatrix} \end{array}\right] \begin{array}{l} \updownarrow i-1 \\ \updownarrow n-i \\ \updownarrow i-1 \\ \updownarrow n-i \end{array}$$

Addiert man hier zur j-ten Spalte ($1 \leq j \leq n-1$) das $-\frac{b_i}{a_i}$-fache der $((n-1)+j)$-ten Spalte, so erhält man modulo Vorzeichen als Determinante von M:

$$\det M = \pm\, a_i^{n-1}\left(a_i + \frac{b_i^2}{a_i}\right)^{n-1} = \pm\,(a_i^2 + b_i^2)^{n-1}.$$

Also ist der Rang der Matrix β) lokal konstant längs ∂G.

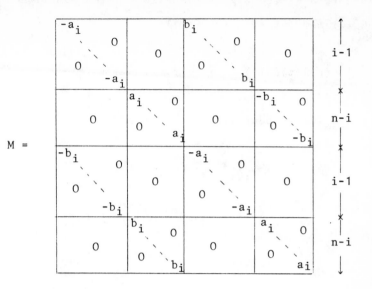

3) Nach Voraussetzung gilt für alle finiten Funktionen $\alpha \in C_0^\infty(G)$ mit $T^*f =: h \in L_0^2(G,\phi)$:

$$\int_G h(z)\alpha(z)d\lambda(z) = \sum_{j=1}^n \int_G f_j(z) \frac{\partial}{\partial z_j} (\alpha(z)e^{\phi(z)})e^{-\phi(z)}d\lambda(z).$$

Mit $\beta \in C_0^\infty(G')$ findet man dann über G':

$$[-\sum_{j=1}^n e^\phi \frac{\partial}{\partial z_j} (\hat{f}_j e^{-\phi})](\beta)$$

$$= \sum_{j=1}^n \int_{G'} \hat{f}_j(z)e^{-\phi(z)} \frac{\partial}{\partial z_j} (\beta(z)e^{\phi(z)})d\lambda(z)$$

$$= (f, T(\beta e^\phi))_{L_1^2(G,\phi)}$$

$$= (h, (\beta e^\phi)|_G)_{L_0^2(G,\phi)}$$

$$= \int_G h(z)\beta(z)d\lambda(z)$$

$$= \int_{G'} \hat{h}(z)\beta(z)d\lambda(z) = \hat{h}(\beta).$$

Damit sind alle Voraussetzungen von Satz 6 aus III.2 erfüllt.

4) Es gibt also eine Folge von über $\overline{G}$ differenzierbaren Formen $f^\nu = \sum_{j=1}^n f_j^\nu(z)d\overline{z}_j$ $(f_j^\nu \in C^1(\overline{G},\mathbb{C}))$ mit den behaupteten Eigenschaften; Satz 1 ist somit bewiesen.

III 3.3: Eine Ungleichung

Mit dem Hauptsatz gelingt es jetzt leicht, eine untere Abschätzung von $||T^*f||^2_{L^2_0(G,\phi)} + ||Sf||^2_{L^2_2(G,\phi)}$ über $D_{T^*} \cap D_S$ im Fall streng-Levi-pseudokonvexer Gebiete zu finden.

Satz 2:

Ist G ein streng-Levi-pseudokonvexes Gebiet mit der globalen C^3-Randfunktion (U,ρ), und ist ϕ eine plurisubharmonische C^2-Funktion auf dem Gebiet $G' \supset \overline{G}$, so gilt für alle Formen $f = \sum_{j=1}^{n} f_j(z)d\overline{z}_j \in D_{T^*} \cap D_S$ folgende Ungleichung:

$$||T^*f||^2_{L^2_0(G,\phi)}+||Sf||^2_{L^2_2(G,\phi)} \geq \sum_{\nu,\mu=1}^{n} \int_G \frac{\partial^2\phi}{\partial z_\nu \partial \overline{z}_\mu}(z) f_\nu(z)\overline{f_\mu(z)} e^{-\phi(z)} d\lambda(z).$$

Beweis:

1. Ohne Beschränkung der Allgemeinheit kann man wegen $\rho \in C^3(U)$ annehmen, daß auf ∂G bereits $|\text{grad } \rho| \equiv 1$ gilt; weiter kann man sich wegen Satz 1 auf den Fall von auf G differenzierbaren Formen $f = \sum_{j=1}^{n} f_j(z)d\overline{z}_j \in D_S$ mit $\sum_{j=1}^{n} f_j \frac{\partial\rho}{\partial z_j}\Big|_{\partial G} \equiv 0$ beschränken.

2. Setzt man zur Abkürzung

$$\alpha_k(z) := e^{\phi(z)} \frac{\partial}{\partial z_k} (f_k(z)e^{-\phi(z)})$$

auf G, so folgt:

$$||T^*f||^2_{L^2_o(G,\phi)} = \sum_{k,j=1}^{n} \int_G e^{\phi(z)} \frac{\partial}{\partial z_j} (f_j(z)e^{-\phi(z)}) \overline{\alpha_k(z)}\, e^{-\phi(z)} d\lambda(z)$$

$$\overset{(*)}{=} - \sum_{k,j=1}^{n} \int_G f_j(z)e^{-\phi(z)} \frac{\partial}{\partial z_j} \overline{\alpha_k(z)}\, d\lambda(z)$$

$$+ \sum_{k,j=1}^{n} \int_{\partial G} e^{-\phi(z)} f_j(z)\, \overline{\alpha_k(z)}\, \frac{\partial \rho}{\partial z_j}(z)\, d\sigma(z)$$

$$\overset{(**)}{=} - \sum_{k,j=1}^{n} \int_G f_j(z)e^{-\phi(z)} \frac{\partial^2 \overline{f}_k}{\partial z_j \partial \overline{z}_k}(z)\, d\lambda(z) +$$

$$\sum_{k,j=1}^{n} \int_G f_j(z)e^{-\phi(z)}\, \overline{f_k(z)}\, \frac{\partial^2 \phi}{\partial z_j \partial \overline{z}_k}(z)\, d\lambda(z) +$$

$$\sum_{k,j=1}^{n} \int_G f_j(z)e^{-\phi(z)} \frac{\partial \phi}{\partial \overline{z}_k}(z)\, \frac{\partial \overline{f}_k}{\partial z_j}(z)\, d\lambda(z)$$

$$= \sum_{k,j=1}^{n} \int_G f_j(z)\, \overline{f_k(z)}\, \frac{\partial^2 \phi}{\partial z_j \partial \overline{z}_k}(z)\, e^{-\phi(z)}\, d\lambda(z)$$

$$- \sum_{k,j=1}^{n} \int_G f_j(z) \frac{\partial}{\partial z_k} \overline{\left(\frac{\partial f_k}{\partial \overline{z}_j}(z)\, e^{-\phi(z)}\right)} d\lambda(z)$$

$$\overset{(***)}{=} (1) + \sum_{k,j=1}^{n} \int_G \frac{\partial f_j}{\partial \overline{z}_k}(z)\, \overline{\frac{\partial f_k}{\partial \overline{z}_j}(z)}\, e^{-\phi(z)}\, d\lambda(z)$$

$$- \sum_{k,j=1}^{n} \int_{\partial G} f_j(z)\, \overline{\frac{\partial f_k}{\partial \overline{z}_j}(z)}\, e^{-\phi(z)} \frac{\partial \rho}{\partial \overline{z}_k}(z)\, d\sigma(z)$$

$$=: (1) + (2) + (3).$$

Die Übergänge (*) und (***) benutzen den Satz von Stokes, während (**) wegen $\sum_{j=1}^{n} f_j \frac{\partial \rho}{\partial z_j}|_{\partial G} \equiv 0$ folgt.

Wegen $\sum_{j=1}^{n} f_j \frac{\partial \rho}{\partial z_j}|_{\partial G} \equiv 0$ findet man leicht eine C^1-Funktion λ nahe ∂G mit:

$$\sum_{k=1}^{n} f_k \frac{\partial\rho}{\partial z_k} = \lambda \cdot \rho .$$

Durch Differentiation folgt dann auf ∂G:

$$\frac{\partial}{\partial z_j}\left[\sum_{k=1}^{n} \overline{f_k(z)}\,\frac{\partial\rho}{\partial \overline{z}_k}(z)\right] = \lambda(z)\,\frac{\partial\rho}{\partial z_j}$$

$$\shortparallel$$

$$\sum_{k=1}^{n} \frac{\partial \overline{f}_k}{\partial z_j}(z)\frac{\partial\rho}{\partial \overline{z}_k}(z) + \sum_{k=1}^{n} \overline{f_k(z)}\,\frac{\partial^2\rho}{\partial \overline{z}_k \partial z_j}(z).$$

Nachdem man mit f_j multipliziert und über j summiert hat, erhält man auf ∂G:

$$\sum_{k,j=1}^{n} f_j(z)\,\frac{\partial \overline{f}_k}{\partial z_j}(z)\,\frac{\partial\rho}{\partial \overline{z}_k}(z) = -\sum_{k,j=1}^{n} f_j(z)\overline{f_k(z)}\,\frac{\partial^2\rho}{\partial \overline{z}_k \partial z_j}(z).$$

Damit berechnet man durch Einsetzen in (3) obiger Gleichungskette:

$$||T^*f||^2_{L^2_0(G,\phi)} = (1)+(2)+\sum_{k,j=1}^{n}\int_{\partial G} f_j(z)\overline{f_k(z)}\frac{\partial^2\rho}{\partial \overline{z}_k \partial z_j}(z)e^{-\phi(z)}d\sigma(z)$$

$$\geq (1) + (2), \text{ da G streng Levi-pseudokonvex ist.}$$

3. Die Berechnung von $||Sf||^2_{L^2_2(G,\phi)}$ ergibt:

$$||Sf||^2_{L^2_2(G,\phi)} = \sum_{j<k}\int_G \left(\frac{\partial f_k}{\partial \overline{z}_j}(z)-\frac{\partial f_j}{\partial \overline{z}_k}(z)\right)\overline{\left(\frac{\partial f_k}{\partial \overline{z}_j}(z)-\frac{\partial f_j}{\partial \overline{z}_k}(z)\right)}e^{-\phi(z)}d\lambda(z)$$

$$= \sum_{j,k=1}^{n}\int_G \left|\frac{\partial f_k}{\partial \overline{z}_j}(z)\right|^2 e^{-\phi(z)}d\lambda(z)$$

$$- \sum_{j,k=1}^{n}\int_G \frac{\partial f_k}{\partial \overline{z}_j}(z)\frac{\partial \overline{f}_j}{\partial z_k}(z)e^{-\phi(z)}d\lambda(z).$$

4. Zusammenfassung von 2. und 3. liefert die Behauptung des Satzes.

§ 4 Der Satz von Skoda

III 4.1: Eine Ungleichung für plurisubharmonische Funktionen

Als Nachtrag zu II.1 sei folgende Ungleichung für plurisubharmonische Funktionen erwähnt, die bereits implizit im Beweis zu Korollar 8.4 bzw. Satz 11 in II.1 enthalten ist; auf einen Beweis wird verzichtet.

Lemma 1:

Ist $\psi : G \longrightarrow \mathbb{R}$ eine auf dem Gebiet $G \subset \mathbb{C}^n$ plurisubharmonische Funktion, so gilt für jeden Polyzylinder $\Delta(z^0,r) \subset\subset G$:

$$\psi(z^0) \leq \left(\frac{1}{\pi r^2}\right)^n \int_{\Delta(z^0,r)} \psi(z)d\lambda(z).$$

III 4.2: Ein Spezialfall des Satzes von Skoda

Es wird zunächst in einem "schönen" Fall der Divisionssatz von Skoda formuliert und bewiesen. Daraus wird in III 4.3 der allgemeine Fall abgeleitet.

Satz 1:

Sei G ein streng-Levi-pseudokonvexes Gebiet mit einer globalen C^3-Randfunktion im $\mathbb{C}^n$, das samt Abschließung in dem Gebiet G' enthalten ist; $\psi : G' \longrightarrow \mathbb{R}$ sei eine plurisubharmonische C^2-Funktion.

Dann kann man zu jedem Punkt $z^o \notin \overline{G}$ holomorphe Funktionen $h_1,\ldots,h_n \in H_G$ so finden, daß gilt:

1) $$\sum_{j=1}^{n} h_j(z)(z_j - z_j^o) = 1 \quad \text{auf } G,$$

2) $$\int_G \sum_{j=1}^{n} |h_j(z)|^2 |z - z^o|^{-2\alpha(n-1)} e^{-\psi(z)} d\lambda(z)$$

$$\leq \frac{\alpha}{\alpha - 1} \int_G |z - z^o|^{-2\alpha(n-1)-2} e^{-\psi(z)} d\lambda(z)$$

mit: $\alpha := \frac{2n - 1}{2n - 3/2}$.

Beweis:

1) Der Beweis dieses Satzes wird sich wesentlich auf Satz 3 von III.1 und Satz 2 von III.3 stützen.

Setzt man $g(z) := |z - z^o|^2$ und auf G'

$$\phi_1(z) := \psi(z) + \alpha(n-1)\log g(z),$$
$$\phi_2(z) := \psi(z) + [\alpha(n-1) + 1]\log g(z),$$
$$\phi(z) := \phi_2(z) - \phi_1(z) = \log g,$$

so betrachtet man folgendes Diagramm von Hilberträumen und linearen Operatoren:

$$\begin{array}{ccc} H_1 := [L_o^2(G,\phi_1)]^n & \xrightarrow{A} & H_2 := L_o^2(G,\phi_2) \\ \downarrow T_n = T\times\ldots\times T & & \cup \\ H_3 := [L_1^2(G,\phi_1)]^n & & F_2 := H_2 \cap H_G \end{array}$$

Dabei ist T der abgeschlossene Operator von III.3, der von der äußeren Ableitung $\overline{\partial}$ induziert wird, während A den wie folgt definierten stetigen Operator bezeichnet:

$$H_1 \ni (f_1,\ldots,f_n) \xrightarrow{A} \sum_{j=1}^{n} f_j g_j \in H_2$$

mit $g_j(z) := z_j - z_j^0$.
Wegen Satz 2 von III.2 und Lemma 1 sind die Voraussetzungen von Satz 3, III.1, bis auf die jetzt zu beweisende Abschätzung für $||T_n^*v + A^*u||_{H_1}$ erfüllt.

2) Seien jetzt $u \in F_2$ und $v = (v_1,\ldots,v_n) \in D_{T_n^*} = (D_{T^*})^n$ mit $v_i = \sum_{k=1}^{n} v_{ik}(z)d\overline{z}_k$ gegeben.
Mit $S : L_1^2(G,\phi_1) \longrightarrow L_2^2(G,\phi_1)$ wie in III.3 ist offenbar Kern S ein abgeschlossener Teilraum von $L_1^2(G,\phi_1)$. Also folgt mit Hilfe des Projektionssatzes die Zerlegung:
$v_i = v_i' + v_i''$ mit $v_i' \in$ Kern S und $v_i'' \in (\text{Kern } S)^{\perp}$.
Wegen $TD_T \subset$ Kern S zeigt man sofort:

$$v_i'' \in D_{T^*} \qquad \text{und} \qquad T^*v_i'' = 0,$$

was $v_i' \in D_{T^*}$ und $T^*v_i' = T^*v_i$ zur Folge hat.

3) Mit $A^*u = (u\overline{g}_1e^{-\phi},\ldots,u\overline{g}_ne^{-\phi})$ und $T_n^* = T^*\times\ldots\times T^*$ erhält man:

$$||A^*u + T_n^*v||_{H_1}^2 = ||A^*u + T_n^*v'||_{H_1}^2 + \sum_{i=1}^{n} ||Sv_i'||_{L_2^2(G,\phi_1)}^2$$

$$= ||A^*u||_{H_1}^2 + 2\mathrm{Re}(A^*u, T_n^*v')_{H_1} + ||T_n^*v'||_{H_1}^2 + \sum_{i=1}^{n} ||Sv_i'||_{L_2^2(G,\phi_1)}^2$$

$$= ||u||_{H_2}^2 + \quad (2) \quad + \quad (3) \quad + \quad (4)$$

Da u holomorph ist, gilt offenbar:

$$\overline{g}_i u e^{-\phi} \in D_T \text{ und } T(\overline{g}_i u e^{-\phi}) = u\overline{\partial}(\overline{g}_i e^{-\phi}).$$

Damit ergibt sich folgende Abschätzung:

$$(2) = 2\mathrm{Re} \sum_{i=1}^{n} (\overline{g}_i u e^{-\phi}, T^*v_i')_{L_o^2(G,\phi_1)}$$

$$= 2\mathrm{Re} \sum_{i=1}^{n} (u\overline{\partial}(\overline{g}_i e^{-\phi}), v_i')_{L_1^2(G,\phi_1)}$$

$$= 2\mathrm{Re} \sum_{i,k=1}^{n} \int_G u \frac{\partial}{\partial \overline{z}_k} (\overline{g}_i e^{-\phi}) \overline{v_{ik}'} e^{-\phi_1} \, d\lambda(z)$$

$$= 2\mathrm{Re} \int_G (u \cdot g^{1/2} \cdot e^{-\phi}) \overline{\left(\sum_{i,k=1}^{n} \left(\frac{1}{g}\right)^{1/2} e^{\phi} \frac{\partial}{\partial z_k}(g_i e^{-\phi}) v_{ik}' \right)} e^{-\phi_1} d\lambda(z)$$

$$\geq -2\int_G |u| \cdot g^{1/2} \cdot e^{-\phi} \left| \sum_{i,k=1}^{n} \left(\frac{1}{g}\right)^{1/2} e^{\phi} \frac{\partial}{\partial z_k}(g_i e^{-\phi}) v_{ik}' \right| e^{-\phi_1} d\lambda(z)$$

$$\geq -\frac{1}{\alpha} ||u||_{H_2}^2 - \alpha \int_G \frac{1}{g} \left| \sum_{i,k=1}^{n} e^{\phi} \frac{\partial}{\partial z_k} (g_i e^{-\phi}) v_{ik}' \right|^2 e^{-\phi_1} \, d\lambda(z)$$

wegen $2ab \leq \frac{1}{\alpha} a^2 + \alpha b^2$ für $\alpha \neq 0$, $a,b \in \mathbb{R}$.

Benutzt man das Ergebnis von III.3.3, so folgt durch Zusammenfassung:

$$||A^*u + T_n^*v||^2_{H_1} \geq (1 - \frac{1}{\alpha})||u||^2_{H_2} + \sum_{i,k,l=1}^{n} \int_G \frac{\partial^2 \phi_1}{\partial z_k \partial \overline{z}_l} v'_{ik}\overline{v'_{il}} e^{-\phi_1} d\lambda(z)$$

$$- \alpha \int_G \frac{1}{g} \, |\sum_{i,k=1}^{n} e^{\phi} \frac{\partial}{\partial z_k} (g_i e^{-\phi}) v'_{ik}|^2 \, e^{-\phi_1} \, d\lambda(z).$$

Der Vergleich der beiden letzten Summanden wird wie folgt durchgeführt:

$$\alpha(n-1) \sum_{i,k,l=1}^{n} \frac{\partial^2 \phi}{\partial z_k \partial \overline{z}_l} v'_{ik}\overline{v'_{il}} = \alpha(n-1) \frac{1}{|z-z^0|^4} \sum_{i,k,l=1}^{n} (g\delta_{kl} - \overline{g}_k g_l) v'_{ik}\overline{v'_{il}}$$

$$= \frac{\alpha(n-1)}{g^2} \left[\sum_{i,j,m=1}^{n} |z_m - z_m^0|^2 |v'_{ij}|^2 - \sum_{i=1}^{n} |\sum_{k=1}^{n} (\overline{z}_k - \overline{z}_k^0) v'_{ik}|^2 \right]$$

$$\overset{(*)}{=} \frac{\alpha(n-1)}{g^2} \sum_{i=1}^{n} \sum_{\substack{m,j=1 \\ m<j}}^{n} |g_m v'_{ij} - g_j v'_{im}|^2$$

$$\geq \frac{\alpha(n-1)}{g^2} \sum_{j=1}^{n} \sum_{\substack{j=1 \\ i \neq j}}^{n} |g_j v'_{ii} - g_i v'_{ij}|^2$$

$$\overset{(**)}{\geq} \frac{\alpha}{g^2} \sum_{j=1}^{n} |\sum_{i=1}^{n} (v'_{ii} g_j - g_i v'_{ij})|^2$$

$$\overset{(**)}{\geq} \frac{\alpha}{g^3} |\sum_{j=1}^{n} \overline{g_j} \, (\sum_{i=1}^{n} (v'_{ii} g_j - g_i v'_{ij}))|^2$$

$$= \frac{\alpha}{gg^2} |\sum_{i,j=1}^{n} v'_{ii}\overline{g}_j g_j - \sum_{i,j=1}^{n} \overline{g}_j g_i v'_{ij}|^2$$

$$= \frac{\alpha}{g} |\sum_{i,k=1}^{n} e^{\phi} \frac{\partial}{\partial z_k} (g_i e^{-\phi}) v'_{ik}|^2.$$

(*) folgt aus der Lagrange-Identität; dagegen ergeben sich (**) mit der Schwarz'schen Ungleichung.

Benutzt man noch, daß ψ plurisubharmonisch ist, so lautet die endgültige Abschätzung:

$$||T_n^* v + A^* u||_{H_1}^2 \geq (1 - \frac{1}{\alpha}) ||u||_{H_2}^2 .$$

4) Wegen $1 \in F_2$ findet man mit Satz 3 von III.1 Funktionen $h_1, \ldots, h_n \in L_o^2(G, \phi_1) \cap$ Kern T, d.h. wegen Satz 2 von III.2 holomorphe Funktionen, für die gilt:

a)
$$A(h_1, \ldots, h_n) = \sum_{i=1}^{n} g_i h_i = 1 \text{ auf } G$$

und

b)
$$\int_G \sum_{i=1}^{n} |h_i|^2 e^{-\phi_1} \, d\lambda(z) \leq \frac{\alpha}{\alpha - 1} ||1||_{H_2}^2 .$$

Damit ist aber Satz 1 bewiesen.

III 4.3: Eine Randabstandsfunktion

Für ein Gebiet $G \subsetneqq \mathbb{C}^n$ wird folgender abgeänderte Randabstand eingeführt:

$$\widetilde{\Delta}_G(z) := \min(\Delta_G(z), 1) \quad \text{für} \quad z \in G.$$

Offenbar gilt für Punkte $z', z'' \in G$: $|\widetilde{\Delta}_G(z') - \widetilde{\Delta}_G(z'')| \leq |z' - z''|$.

Lemma 2:

Es gibt eine positive Konstante $C_1(n)$, so daß für jedes Gebietetripel $G'' \subset G' \subset G \subset \mathbb{C}^n$, jede stetige Funktion $\psi : G' \longrightarrow \mathbb{R}$ mit $\psi \geq -\log \widetilde{\Delta}_G$ und jeden Punkt $z^o \notin G$ folgende Ungleichung richtig ist:

$$\int_{G''} |z - z^o|^{-2\alpha(n-1)-2} e^{-\psi(z)} d\lambda(z) \leq C_1(n) ,$$

wobei α die Konstante von Satz 1 ist.

Beweis:

Wegen $e^{-\psi(z)} \leq \tilde{\Delta}_G(z) \leq |z - z^o|$, $e^{-\psi(z)} \leq 1$ und $2\alpha(n-1) + 1 < 2n < 2\alpha(n-1) + 2$ folgt offenbar:

$$\int_{G''} |z - z^o|^{-2\alpha(n-1)-2} e^{-\psi(z)} d\lambda(z)$$

$$\leq \int_G |z - z^o|^{-2\alpha(n-1)-2} \tilde{\Delta}_G(z) d\lambda(z)$$

$$\leq \int_{U(0,1)} |z|^{-2\alpha(n-1)-1} d\lambda(z) + \int_{\mathbb{C}^n - U(0,1)} |z|^{-2\alpha(n-1)-2} d\lambda(z)$$

$$=: C_1(n);$$

womit das Lemma bewiesen ist.

III 4.4: Der Satz von Skoda

Satz 2:

Zu jeder natürlichen Zahl n gibt es eine positive Konstante C(n) derart, daß man zu jedem pseudokonvexen Gebiet $G \subset \mathbb{C}^n$ und jedem Punkt $z^o \notin G$ holomorphe Funktionen $h_1, \ldots, h_n : G \longrightarrow \mathbb{C}$ finden kann mit:

1) $$\sum_{j=1}^{n} h_j(z)(z_j - z_j^o) = 1 \text{ für alle } z \in G,$$

2) $$|h_j(z)|\tilde{\Delta}_G^{n+1/2}(z) \leq C(n)|z - z^o|^{\alpha(n-1)}.$$

Beweis:

1) Nach II.2, Satz 19 ist G darstellbar als Vereinigung einer aufsteigenden Folge von streng-Levi-pseudokonvexen Gebieten G_ν mit globalen C^3-Randfunktionen; wegen II.1, Satz 13, findet man auf $G_{\nu+1}$ eine monoton-fallende Folge plurisubharmonischer C^2-Funktionen $\{\psi_{\nu,\mu}\}_{\mu=1}^{\infty}$, die die auf G plurisubharmonische Funktion $-\log \tilde{\Delta}_G$ wegen des Satzes von Dini auf G_ν gleichmäßig approximiert.

2) Sei ν fixiert, so findet man nach Satz 1 holomorphe Funktionen $h_1^{\nu,\mu},\dots,h_n^{\nu,\mu} : G_\nu \longrightarrow \mathbb{C}$ mit:

a) $$\sum_{j=1}^{n} h_j^{\nu,\mu}(z)(z_j - z_j^o) = 1 \text{ auf } G_\nu,$$

b) $$\int_{G_\nu} \sum_{j=1}^{n} |h_j^{\nu,\mu}(z)|^2 |z - z^o|^{-2\alpha(n-1)} e^{-\psi_{\nu,\mu}(z)} d\lambda(z)$$
$$\leq \frac{\alpha}{\alpha - 1} \int_{G_\nu} |z - z^o|^{-2\alpha(n-1)-2} e^{-\psi_{\nu,\mu}(z)} d\lambda(z)$$
$$\leq C_1(n);$$

dabei bezeichne $C_1(n)$ die Konstante von Lemma 2.

3) Nach Lemma 1 folgt sofort, da $|h_j|^2$ plurisubharmonische Funktionen sind, daß für jedes j die Funktionenfolge $\{h_j^{\nu,\mu}\}_{\mu=1}^{\infty}$ lokal gleichgradig nach oben beschränkt ist. Damit

erhält man unter Ausnutzung der Sätze von Montel und B. Levi holomorphe Funktionen $h_1^\nu,\dots,h_n^\nu : G_\nu \longrightarrow \mathbb{C}$ mit:

a) $$\sum_{j=1}^{n} h_j^\nu(z)(z_j - z_j^0) = 1 \text{ auf } G_\nu \text{ und}$$

b) $$\int_{G_\nu} \sum_{j=1}^{n} |h_j^\nu(z)|^2 \widetilde{\Delta}_G(z)|z - z^0|^{-2\alpha(n-1)} d\lambda(z) \le C_1(n).$$

4) Unter erneuter Benutzung des Satzes von Montel und einem üblichen Diagonalprozeß konstruiert man holomorphe Funktionen $h_1,\dots,h_n : G \longrightarrow \mathbb{C}$ mit:

a) $$\sum_{j=1}^{n} h_j(z)(z_j - z_j^0) = 1 \text{ auf } G,$$

b) $$\int_{G} \sum_{j=1}^{n} |h_j(z)|^2 \widetilde{\Delta}_G(z)|z-z^0|^{-2\alpha(n-1)} d\lambda(z) \le C_1(n).$$

5) Ist nun $z^1 \in G$ ein beliebiger Punkt, so gilt wegen b) und Lemma 1:

$$|h_j(z^1)|^2 \le \left(2\sqrt{\frac{n}{\pi}}\,\frac{1}{\widetilde{\Delta}_G(z^1)}\right)^{2n} \int_{\Delta\left(z^1,\frac{\widetilde{\Delta}_G(z^1)}{2\sqrt{n}}\right)} |h_j(z)|^2 d\lambda(z).$$

Wegen der Lipschitzeigenschaft von $\widetilde{\Delta}_G$ gilt auf dem Polyzylinder $\Delta(z^1, \frac{1}{2\sqrt{n}}\widetilde{\Delta}_G(z^1))$: $\widetilde{\Delta}_G(z^1) \le 2\widetilde{\Delta}_G(z)$ und $|z^1 - z^0| \ge \frac{2}{3}|z - z^0|$. Setzt man diese Informationen ein, so erhält man:

$$\frac{|h_j(z^1)|^2\widetilde{\Delta}_G(z^1)}{|z^1-z^0|^{2\alpha(n-1)}} \leq \left[6\cdot\frac{\sqrt{n}}{\pi}\frac{1}{\widetilde{\Delta}_G(z^1)}\right]^{2n} \int_G |h_j(z)|^2\widetilde{\Delta}_G(z)|z-z^0|^{-2\alpha(n-1)}d\lambda(z)$$

$$\underline{<}: C_2(n) \cdot \frac{1}{\widetilde{\Delta}_G(z^1)^{2n}} .$$

Da aber z^1 ein beliebiger Punkt in G war, gilt für alle Punkte $z \varepsilon G$:

$$|h_j(z)|\widetilde{\Delta}_G^{n+1/2}(z) \leq C(n)|z - z^0|^{\alpha(n-1)} \text{ mit } C(n) := \sqrt{C_2(n)}.$$

Also ist der Satz von Skoda bewiesen.

Durch einfache Abschätzungen läßt sich dann folgendes Korollar herleiten:

Korollar 2.1:

In Satz 2 gilt statt 2) auch

$$|h_j(z)|\ |\Delta'_G(z)|^{n+1/2} \leq C(n;z^0) \text{ auf } G,$$

wobei für $z \varepsilon G$ definiert ist:

$$\Delta'_G(z) := \widetilde{\Delta}_G(z) \cdot (1 + |z|^2)^{-1/2}.$$

Bemerkungen: Ähnliche Sätze sind auch von Cnop (7), Gurewicz (12) und Hörmander (14) bewiesen worden. Außerdem gelingt es hier durch ein genaueres Studium der Größe α Wachstumsaussagen der Ordnung $n + \varepsilon$ ($\varepsilon > 0$) statt $n + \frac{1}{2}$ in Korollar 2.1 zu erhalten.

Mit Hilfe von Satz 2, III.4 gewinnt man dann sofort:

Satz 3:

Jedes pseudokonvexe Gebiet G im $\mathbb{C}^n$ ist Holomorphiegebiet.

Beweis:

Es soll gezeigt werden, daß G holomorph-konvex ist. Wäre dies nicht der Fall, so gäbe es ein Kompaktum $K \subset G$, dessen holomorph-konvexe Hülle nicht relativ kompakt in G liegt, d.h. aber: es gibt einen Randpunkt $z^0 \in \partial G$ und eine gegen z^0 konvergierende Punktfolge $\{z^\nu\}_{\nu=1}^\infty$ mit $z^\nu \in \hat{K}$. Nach Satz 2, III.4 findet man nun holomorphe Funktionen $h_1, \ldots, h_n : G \longrightarrow \mathbb{C}$, so daß auf G gilt:

$$\sum_{i=1}^{n} h_i(z)(z_i - z_i^0) = 1 .$$

Da nach Konstruktion die Funktionen h_i auf der Punktfolge $\{z^\nu\}_{\nu=1}^\infty$ beschränkt bleiben, kann diese Gleichung aber nicht gelten, was obige Annahme zum Widerspruch führt. Also ist Satz 3 bewiesen.

Mit folgenden quantitativen Zusätzen zu I § 2, die man mittels Korollar 2.1, III.4 und der Bemerkung in III.4 beweisen kann, wird dieser Abschnitt beendet:

Zusätze zu I § 2:

1) Jedes pseudokonvexe Gebiet G ist konvex bezüglich der Familie F_ε ($\varepsilon > 0$) der holomorphen Funktionen, die multipliziert mit $(\Delta'_G)^{n+\varepsilon}$ auf G beschränkt bleiben.

2) Jedes pseudokonvexe Gebiet G ist bereits Existenzgebiet einer Funktion $f \in F_\varepsilon$ ($\varepsilon > 0$).
$\varepsilon = \frac{1}{2}$ ist genau die Situation von Satz 2.

3) Besitzt das beschränkte Holomorphiegebiet G eine globale Randfunktion, so ist G bereits konvex bezüglich $L^2(G) \cap H_G$, also auch bezüglich der Familie F_o, die analog zu 1) mit $\varepsilon = 0$ gebildet wird.

4) Unter den Voraussetzungen 3) ist G auch Existenzgebiet einer quadratintegrablen holomorphen Funktion $f \in F_o$.

Literaturhinweis zu Kapitel III:

Die in der Einleitung zu diesem Kapitel zitierten Arbeiten über das Levi-Problem entnehme man dem alphabetischen Literaturverzeichnis. Während die Paragraphen III.2 und III.3 sich auf (13) stützen, entstammt III.4 im wesentlichen (31), vgl. auch (3o). Der Zusatz zu I, der die Aussage von I wesentlich verschärft, folgt aus der Thesis (3o) des Autors; siehe auch [VIII].

Literaturverzeichnis

A: Lehrbücher und Vorlesungsausarbeitungen:

[I] Abhyankar, S.S.:
Local analytic geometry; Academic Press (1964).

[II] Andreotti, A.:
Quelques points de theorie elementaire des fonctions analytiques de plusieurs variables complexes; Straßburg (1961).

[III] Behnke, H. und P. Thullen:
Theorie der Funktionen mehrerer komplexer Veränderlichen; Ergebnisse der Mathematik und ihre Grenzgebiete 51 (197o).

[IV] Bers, L.:
Introduction to several complex variables; New York University (1962/63).

[V] Bochner, S. und Martin, D.:
Several complex variables; Princeton: Univ. Press (1948).

[VI] Cartan, H.:
Elementare Theorie der analytischen Funktionen einer oder mehrerer komplexen Veränderlichen; BI Hochschultaschenbücher 112/112 a (196o).

[VII] Cazacu, C.A., Constantinescu C. und Jurchescu, J.: Probleme moderne de teoria functiilor; Ed. Akad. Bukarest (1965).

[VIII] Ferrier, J.P.: Spectral theory and complex analysis; North-Holland Math. Studies 4 (1973).

[IX] Forster, O.: Einführung in die komplexe Analysis mehrerer Veränderlichen; Regensburg 1973.

[X] Fuks, B.A.: Introduction to the theory of analytic functions of several complex variables; Transl. Monographs 8 (1963).

[XI] Fuks, B.A.: Special Chapters in the theory of analytic functions of several complex variables; Transl. Monographs 14 (1965).

[XII] Grauert, H. und Fritzsche, K.: Einführung in die Funktionentheorie mehrerer Veränderlicher. Springer-Verlag, Berlin-Heidelberg-New-York 1974.

[XIII] Gunning, R.C. und Rossi, H.: Analytic functions of several complex variables; Englewood-Cliffs (1965).

[XIV] Hervé, M.:
Several complex variables; local theory; Oxford Univ. Press and Tata Inst. Fund. Research (1963).

[XV] Hervé, M.:
Analytic and plurisubharmonic functions; Springer Lecture Notes in Math. 198 (1971).

[XVI] Hörmander, L.:
An introduction to complex analysis in several variables; Princeton, New Jersey (1966).

[XVII] Kerner, H.:
Komplexe Räume; München (1969).

[XVIII] Kerner, H.:
Komplexe Analysis; München (1969/7o).

[XIX] Krizanic, F.:
Funkcije vec kompleksnih spremenljivk; Ljubliana (1971).

[XX] Malgrange, B.:
On the theory of the functions of several complex variables; Tata Institute Bombay (1958).

[XXI] Nachbin, L.:
Holomorphic functions, domains of holomorphy and local properties; Amsterdam (197o).

[XXII] Narasimhan, R.:
Several complex variables; University of Chicago (1971).

[XXIII] Oka, K.:
Sur les fonctions analytiques de plusieurs variables; Iwanami Shoten, Tokio (1961).

[XXIV] Osgood, W.F.:
Lehrbuch der Funktionentheorie, Bd. 2; Leipzig (1929).

[XXV] Rado, T.:
Subharmonic functions; Ergebnisse der Math. und ihre Grenzgebiete, Berlin (1937).

[XXVI] Rothstein, W.:
Einführung in die Funktionentheorie mehrerer komplexer Veränderlichen I und II; Münster (1963/64).

[XXVII] Rudin, W.:
Function theory in polydiscs; New York, W.A. Benjamin (1969).

[XXVIII] Thimm, W.:
Funktionentheorie mehrerer Veränderlichen; Münster (1961).

[XXIX] Vladimirov, V.S.:
Methods of the theory of functions of several complex variables; Cambridge, Mass. (1966).

[XXX] Whitney, H.:
Complex analytic varieties; Princeton, New Jersey (1972).

[XXXI] Wightman, A.S.:
Analytic functions of several complex variables;
enthalten in Dewitt and Omnes: Relations de Dispersion
et Particules Elémentaires, Université de Grenoble (196o).

B: Originalarbeiten:

(1) Aizenberg, L.A. und Mityagin, B.C.:
Raum der holomorphen Funktionen in Reinhardtschen Gebieten (Russisch); Sib. Mat. Journal 1 (196o), 153-17o.

(2) Behnke, H. und Stein, K.:
Konvergente Folgen von Regularitätsbereichen und die Meromorphiekonvexität; Math. Ann. 116 (1938), 2o4-216.

(3) Behnke, H. und Stein, K.:
Die Konvexität in der Funktionentheorie mehrerer Veränderlichen; Mitteilungen der math. Gesellschaft, Hamburg, VIII (194o), 24-81.

(4) Behnke, H. und Stein, K.:
Die Singularitäten der analytischen Funktionen mehrerer Veränderlichen; Niew Archif voor Wiskunde (1951), 227-242.

(5) Bremermann, H.J.:
Die Charakterisierung von Regularitätsgebieten durch pseudokonvexe Funktionen; Schriftenreihe d. Math. Inst. Münster 5 (1951).

(6) Bremermann, H.J.:
Über die Äquivalenz der pseudokonvexen Gebiete und der Holomorphiegebiete im Raum von n komplexen Veränderlichen; Math. Ann. 128 (1954), 63-91.

(7) Cnop, I.:
A theorem concerning holomorphic functions with bounded growth, Thesis Brüssel (1971).

(8) Doquier, F. und Grauert, H.:
Levisches Problem und Rungescher Satz für Teilgebiete Steinscher Mannigfaltigkeiten; Math. Ann. 14o (196o), 94-123.

(9) Freeman M. und Harvey R.:
A compact set that is locally holomorphically convex but not holomorphically convex; Pac. Journ. Math. 48 (1973), 77-81.

(1o) Fuks, B.A.:
Natural boundaries of analytic functions of complex variables. Am. Math. Soc. Translations 93 (1953).

(11) Grauert, H.:
On Levi's problem and the imbedding of real-analytic manifolds; Annals. of Math. 68 (1958), 46o-472.

(12) Gurewicz, D.I.:
Verallgemeinerte Basen in einem Ring holomorpher Funktionen (Russisch); Izv. Akad. Nauk 36 (1972), 568-582.

(13) Hörmander, L.:
L^2-estimates and existence theorem for the $\overline{\partial}$-operator; Acta Math. 113 (1965), 89-152.

(14) Hörmander, L.:
Generators for some rings of analytic functions; Bull. Amer. Math. Soc. 73 (1967), 943-949.

(15) Kajiwara, J.:
On the envelope of holomorphy of a generalized tube in $\mathbb{C}^n$; Kodai Math. Sem. Reports 15 (1963), 1o6-11o.

(16) Kajiwara, J.:
On the inholomorphic quantity of a region in $\mathbb{C}^n$; Mem. Fac. Science, Kyushu Univ. 15 (1961), 16o-17o.

(17) Kimura, I.:
Sur le Théorème de Continuité dans l'Espace de Deux Variables complexes I und II; Proc. Japan Academy 41 (1965), 535-54o und 791-794.

(18) Kimura, I.:
Sur le théorème de la continuité dans l'espace de deux variables complexes III, IV und V; Proc. Japan Academy 42 (1966), 125-13o, 131-135 und 21o-212.

(19) Kimura, I.:
Sur la pseudoconvexité par rapport à une direction I und II; Proc. Japan Academy 42 (1966), 56o-565 und 566-57o.

(2o) Kohn, J.J. und Nirenberg, L.:
A pseudoconvex domain not admitting a holomorphic support function; Math. Ann. 2o1 (1973), 265-268.

(21) Lelong, P.:
Les fonctions plurisousharmoniques; Ann. Ecole Norm. Super. 62 (1945), 3o1-338.

(22) Lelong, P.:
Domaines convexes par rapport aux fonctions plurisousharmoniques; Journ. d'Analyse 2 (1952), 178-2o8.

(23) Levi, E.E.:
Studii sui puncti singolari essenziale delle funzioni anal. di dùe o più var. compl.; Ann. Mat. pura et app. 3 (191o), 17.

(24) Narasimhan, R.:
The Levi problem for complex spaces I; Math. Ann. 142 (1961), 355-365.

(25) Narasimhan, R.:
The Levi problem for complex spaces II; Math. Ann. 146 (1962), 195-216.

(26) Narasimhan, R.:
Cohomology with bound on complex spaces; Springer 155 (197o), 141-15o.

(27) Norguet, F.:
Sur les domaines d'holomorphie des fonctions uni formes de plusieurs variables complexes; Bull. Soc. Math. France 82 (1954), 137-159.

(28) Oka, K.:
Siehe [XXIII].

(29) Pflug, P.:
Über das Edge-of-the-Wedge-Theorem und die Konstruktion von Holomorphiehüllen zu speziellen Gebieten; Diplomarbeit Göttingen (1968).

(3o) Pflug, P.:
Eigenschaften der Fortsetzungen von in speziellen Gebieten holomorphen polynominalen Funktionen in die Holomorphiehülle; Thesis Göttingen (1972).

(31) Skoda, H.:
Application des techniques L^2 à la théorie des idéaux d'une algèbre de fonctions holomorphes avec poids; Ann. Scient. Ec. Norm. Sup. 5 (1972), 545-58o.

(32) Wermer, J.:
Addendum to "An example concerning polynomial convexity", Math. Ann. 14o (196o), 322-323.

Vol. 342: Algebraic K-Theory II, "Classical" Algebraic K-Theory, and Connections with Arithmetic. Edited by H. Bass. XV, 527 pages. 1973. DM 36,–

Vol. 343: Algebraic K-Theory III, Hermitian K-Theory and Geometric Applications. Edited by H. Bass. XV, 572 pages. 1973. DM 38,–

Vol. 344: A. S. Troelstra (Editor), Metamathematical Investigation of Intuitionistic Arithmetic and Analysis. XVII, 485 pages. 1973. DM 34,–

Vol. 345: Proceedings of a Conference on Operator Theory. Edited by P. A. Fillmore. VI, 228 pages. 1973. DM 20,–

Vol. 346: Fučík et al., Spectral Analysis of Nonlinear Operators. II, 287 pages. 1973. DM 26,–

Vol. 347: J. M. Boardman and R. M. Vogt, Homotopy Invariant Algebraic Structures on Topological Spaces. X, 257 pages. 1973. DM 22,–

Vol. 348: A. M. Mathai and R. K. Saxena, Generalized Hypergeometric Functions with Applications in Statistics and Physical Sciences. VII, 314 pages. 1973. DM 26,–

Vol. 349: Modular Functions of One Variable II. Edited by W. Kuyk and P. Deligne. V, 598 pages. 1973. DM 38,–

Vol. 350: Modular Functions of One Variable III. Edited by W. Kuyk and J.-P. Serre. V, 350 pages. 1973. DM 26,–

Vol. 351: H. Tachikawa, Quasi-Frobenius Rings and Generalizations. XI, 172 pages. 1973. DM 18,–

Vol. 352: J. D. Fay, Theta Functions on Riemann Surfaces. V, 137 pages. 1973. DM 16,–

Vol. 353: Proceedings of the Conference on Orders, Group Rings and Related Topics. Organized by J. S. Hsia, M. L. Madan and T. G. Ralley. X, 224 pages. 1973. DM 20,–

Vol. 354: K. J. Devlin, Aspects of Constructibility. XII, 240 pages. 1973. DM 22,–

Vol. 355: M. Sion, A Theory of Semigroup Valued Measures. V, 140 pages. 1973. DM 16,–

Vol. 356: W. L. J. van der Kallen, Infinitesimally Central-Extensions of Chevalley Groups. VII, 147 pages. 1973. DM 16,–

Vol. 357: W. Borho, P. Gabriel und R. Rentschler, Primideale in Einhüllenden auflösbarer Lie-Algebren. V, 182 Seiten. 1973. DM 18,–

Vol. 358: F. L. Williams, Tensor Products of Principal Series Representations. VI, 132 pages. 1973. DM 16,–

Vol. 359: U. Stammbach, Homology in Group Theory. VIII, 183 pages. 1973. DM 18,–

Vol. 360: W. J. Padgett and R. L. Taylor, Laws of Large Numbers for Normed Linear Spaces and Certain Fréchet Spaces. VI, 111 pages. 1973. DM 16,–

Vol. 361: J. W. Schutz, Foundations of Special Relativity: Kinematic Axioms for Minkowski Space Time. XX, 314 pages. 1973. DM 26,–

Vol. 362: Proceedings of the Conference on Numerical Solution of Ordinary Differential Equations. Edited by D. Bettis. VIII, 490 pages. 1974. DM 34,–

Vol. 363: Conference on the Numerical Solution of Differential Equations. Edited by G. A. Watson. IX, 221 pages. 1974. DM 20,–

Vol. 364: Proceedings on Infinite Dimensional Holomorphy. Edited by T. L. Hayden and T. J. Suffridge. VII, 212 pages. 1974. DM 20,–

Vol. 365: R. P. Gilbert, Constructive Methods for Elliptic Equations. VII, 397 pages. 1974. DM 26,–

Vol. 366: R. Steinberg, Conjugacy Classes in Algebraic Groups (Notes by V. V. Deodhar). VI, 159 pages. 1974. DM 18,–

Vol. 367: K. Langmann und W. Lütkebohmert, Cousinverteilungen und Fortsetzungssätze. VI, 151 Seiten. 1974. DM 16,–

Vol. 368: R. J. Milgram, Unstable Homotopy from the Stable Point of View. V, 109 pages. 1974. DM 16,–

Vol. 369: Victoria Symposium on Nonstandard Analysis. Edited by A. Hurd and P. Loeb. XVIII, 339 pages. 1974. DM 26,–

Vol. 370: B. Mazur and W. Messing, Universal Extensions and One Dimensional Crystalline Cohomology. VII, 134 pages. 1974. DM 16,–

Vol. 371: V. Poenaru, Analyse Différentielle. V, 228 pages. 1974. DM 20,–

Vol. 372: Proceedings of the Second International Conference on the Theory of Groups 1973. Edited by M. F. Newman. VII, 740 pages. 1974. DM 48,–

Vol. 373: A. E. R. Woodcock and T. Poston, A Geometrical Study of the Elementary Catastrophes. V, 257 pages. 1974. DM 22,–

Vol. 374 S. Yamamuro, Differential Calculus in Topological Linear Spaces. IV, 179 pages. 1974. DM 18,–

Vol. 375: Topology Conference 1973. Edited by R. F. Dickman Jr. and P. Fletcher. X, 283 pages. 1974. DM 24,–

Vol. 376: D. B. Osteyee and I. J. Good, Information, Weight of Evidence, the Singularity between Probability Measures and Signal Detection. XI, 156 pages. 1974. DM 16.–

Vol. 377: A. M. Fink, Almost Periodic Differential Equations. VIII, 336 pages. 1974. DM 26,–

Vol. 378: TOPO 72 – General Topology and its Applications. Proceedings 1972. Edited by R. Alò, R. W. Heath and J. Nagata. XIV, 651 pages. 1974. DM 50,–

Vol. 379: A. Badrikian et S. Chevet, Mesures Cylindriques, Espaces de Wiener et Fonctions Aléatoires Gaussiennes. X, 383 pages. 1974. DM 32,–

Vol. 380: M. Petrich, Rings- and Semigroups. VIII, 182 pages. 1974. DM 18,–

Vol. 381: Séminaire de Probabilités VIII. Edité par P. A. Meyer. IX, 354 pages. 1974. DM 32,–

Vol. 382: J. H. van Lint, Combinatorial Theory Seminar Eindhoven University of Technology. VI, 131 pages. 1974. DM 18,–

Vol. 383: Séminaire Bourbaki – vol. 1972/73. Exposés 418-435. IV, 334 pages. 1974. DM 30,–

Vol. 384: Functional Analysis and Applications, Proceedings 1972. Edited by L. Nachbin. V, 270 pages. 1974. DM 22,–

Vol. 385: J. Douglas Jr. and T. Dupont, Collocation Methods for Parabolic Equations in a Single Space Variable (Based on C^1-Piecewise-Polynomial Spaces). V, 147 pages. 1974. DM 16,–

Vol. 386: J. Tits, Buildings of Spherical Type and Finite BN-Pairs. IX, 299 pages. 1974. DM 24,–

Vol. 387: C. P. Bruter, Eléments de la Théorie des Matroïdes. V, 138 pages. 1974. DM 18,–

Vol. 388: R. L. Lipsman, Group Representations. X, 166 pages. 1974. DM 20,–

Vol. 389: M.-A. Knus et M. Ojanguren, Théorie de la Descente et Algèbres d' Azumaya. IV, 163 pages. 1974. DM 20,–

Vol. 390: P. A. Meyer, P. Priouret et F. Spitzer, Ecole d'Eté de Probabilités de Saint-Flour III – 1973. Edité par A. Badrikian et P.-L. Hennequin. VIII, 189 pages. 1974. DM 20,–

Vol. 391: J. Gray, Formal Category Theory: Adjointness for 2-Categories. XII, 282 pages. 1974. DM 24,–

Vol. 392: Géométrie Différentielle, Colloque, Santiago de Compostela, Espagne 1972. Edité par E. Vidal. VI, 225 pages. 1974. DM 20,–

Vol. 393: G. Wassermann, Stability of Unfoldings. IX, 164 pages. 1974. DM 20,–

Vol. 394: W. M. Patterson 3rd, Iterative Methods for the Solution of a Linear Operator Equation in Hilbert Space – A Survey. III, 183 pages. 1974. DM 20,–

Vol. 395: Numerische Behandlung nichtlinearer Integrodifferential- und Differentialgleichungen. Tagung 1973. Herausgegeben von R. Ansorge und W. Törnig. VII, 313 Seiten. 1974. DM 28,–

Vol. 396: K. H. Hofmann, M. Mislove and A. Stralka, The Pontryagin Duality of Compact O-Dimensional Semilattices and its Applications. XVI, 122 pages. 1974. DM 18,–

Vol. 397: T. Yamada, The Schur Subgroup of the Brauer Group. V, 159 pages. 1974. DM 18,–

Vol. 398: Théories de l'Information, Actes des Rencontres de Marseille-Luminy, 1973. Edité par J. Kampé de Fériet et C. Picard. XII, 201 pages. 1974. DM 23,–